LORCA Y LA GENERACION DEL 27

Gregorio Prieto delante del molino-museo de su obra, en Valdepeñas, en construcción.

GREGORIO PRIETO

LORCA
Y
LA GENERACION DEL 27

TEXTOS DE:

Rafael Alberti, Vicente Aleixandre, Luis Cernuda, Carmen Conde, Rosa Chacel, Ernestina de Champourcín, Antonio Espina, Jorge Guillén, Enrique Lafuente Ferrari, Julián Marías y Guillermo de Torre

EDITORIAL BIBLIOTECA NUEVA
MADRID, 1977

© EDITORIAL BIBLIOTECA NUEVA
Almagro, 38.—Madrid (España)

Printed in Spain
Impreso en España

Depósito legal: M. 43.047-1977
ISBN 84-7030-265-5

Imprime:
Héroes, S. A.—Torrelara, 8.—Madrid-16

NOTA PRELIMINAR

Con motivo de celebrarse el primer cincuentenario de la Generación de 1927, todos los medios de comunicación y, naturalmente, los editores se vienen ocupando de la gloriosa pléyade de los poetas que la integran.

Editorial Biblioteca Nueva se complace en incorporarse al acontecimiento con el presente volumen de Gregorio Prieto, que es el que más se ha preocupado por los poetas del «27» en su obra creativa y en publicaciones bibliográficas sobre los mismos, donde ha exaltado sus valores y cuya labor ahora se corona en estas páginas.

Fruto de la amistad del pintor con los integrantes del grupo, es el impresionante archivo de recuerdos y documentos que obran en su poder. Aquí se han seleccionado buena parte de textos que dan testimonio de las relaciones afectivas y artísticas entre Gregorio y sus amigos poetas.

Por esta singular condición de Prieto ha sido posible nuestra colaboración editorial en empresas bibliográficas con el pintor y dibujante, siempre impregnadas de poesía y de exaltación de valores hispánicos. Así hemos sido los editores, en primer lugar, de su volumen *Por tierras de Isabel la Católica*, con el que Gregorio conmemoró el último centenario de la Reina Santa en una serie muy documentada de los monumentos que fueron escenarios de la trascendente historia de la Reina Católica. También le publicamos otro volumen, *Por tierras de Extremadura*, cuna de héroes.

En el aspecto personal he de testimoniar mi reconocimiento a Gregorio por su amistad con Pura Ucelay, fundadora del Club Anfistora. El nombre de «Anfistora» fue sugerido por Lorca, y en este Club teatral le estrenó Pura al poeta su obra *Amor de Don Perlimplín con Belisa en su jardín*.

García Lorca, Pura Ucelay y Valle Inclán en el «Club Anfistora».

Gregorio Prieto, Julio Trenas, Pura Ucelay y Antonio Olano.

Gregorio Prieto ha pintado y dibujado para Biblioteca Nueva más de setecientos óleos y dibujos para ilustrar nuestra monumental edición de *El Ingenioso Hidalgo* en los episodios más destacados de ambiente manchego que marcan las aventuras de Alonso de Quijano y Sancho Panza, realizando de esta forma, quizá, uno de los mejores «Quijotes» de todas las épocas.

También en Inglaterra, con fino instinto, los editores británicos encargaron a Prieto las ilustraciones de una lujosa edición de los *Sonetos de Shakespeare* destinada a bibliófilos. El volumen se agotó rápidamente.

En nuestro libro sobre el «27» se incluyen unas breves críticas de Lafuente Ferrari y de Antonio Espina sobre el pintor, y se alude a la conferencia de Ortega en la Exposición de Prieto, celebrada en la «Canning House», Londres, junio de 1951.

Figuran también una serie de retratos de poetas de la Generación del 27 que fueron expuestos en el pabellón español de la Exposición Internacional en Nueva York, una extensa colección de dibujos de Lorca y de otros poetas: los autorretratos de Federico, sus temas religiosos plagados de cruces, sus inusitadas adormideras y sus peces y marineros, todo lo cual constituye base suficiente al ensayo de Gregorio Prieto sobre *Lorca como pintor*, donde hace un minucioso análisis en profundidad sumamente logrado.

Se enriquece este volumen con dibujos de Picasso, Unamuno y Juan Ramón, más unos hispánicos toros de Menéndez Pidal.

Jorge Guillén, galardonado en este año por España, colabora brillantemente con su estudio sobre la Generación a la que pertenece y con elegías a sus compañeros de la misma: Federico, Altolaguirre, Prados y Salinas.

Como curiosidad autógrafa se reproduce la firma de Federico cuando sólo figuraba en ella García, y la carta de la madre de Lorca, agradecida a Gregorio Prieto por su dilatada labor en favor del hijo.

Textos de Alberti, de Cernuda, de Guillermo de Torre y Epistolario de Aleixandre.

Excelentes estudios sobre la Generación del 27, debidos a las escritoras Rosa Chacel, Ernestina de Champourcín y Carmen Conde. Finalmente, el enjundioso ensayo, pleno de garbo literario y de profundidad meditativa, del filósofo académico Julián Marías, que se pregunta y se responde: «¿Generación de 1927?»

José Ruiz-Castillo Basala

D. José Ortega y Gasset pronunciando una conferencia sobre la obra de Gregorio Prieto, en la exposición celebrada en Londres, verano 1951. El artista aparece debajo de la luna llena que alumbra una de sus creaciones pictóricas.

AGRADECIMIENTO

Mi agradecimiento más sincero a cuantos han hecho posible la publicación de este libro en recuerdo de la Generación del 27. Quedo emocionado de esta generosidad en el homenaje que lo enaltece, alegra y llena de erudicción con trabajos de excelentes escritores, que contribuyen a que este libro resulte trascendente como lápida conmemorativa a tanto ilustre nombre de los que integran la Generación. Creo que ninguno deja de estar presente, de una u otra manera. Pienso que se contribuye a eternizar una de las generaciones más sugestivas y que merece figurar dignamente en la universalidad literaria y en el tiempo.

G. P.

De izquierda a derecha: Melchor Fernández Almagro, historiador, crítico literario y miembro de la Real Academia de la Lengua; León Sánchez Cuesta, librero; Guillermo de Torre, crítico literario y ensayista; Dámaso Alonso; Juan Guerrero, divulgador de la poesía contemporánea; Angel Ferrán, escultor; Ricardo Gullón, profesor y crítico literario; Gregorio Prieto; José Luis Cano, poeta y crítico, y Enrique Canito, librero y editor.

PROLOGO

Pero, en realidad, ¿no es ya demasiado otro libro sobre García Lorca? No, ya que Federico está condenado a la fama. Su entrañable amiga la fama, amante y amada, no le deja tranquilo. La fama, como la sombra al cuerpo, está eternamente adherida al Poeta.

La bondad de Federico es otra de las razones más justificadas de su fama. Aunque resulte reiterativo y hoy de escaso uso, hay que resaltar entre otras su cualidad de hombre bueno, generoso y ausente de envidia. Hasta su catolicidad, y si no véase sus líricas alabanzas y devociones a la Virgen María y ese recitar y dibujar el Ave María Purísima, así como la proliferación de tantas crucecitas en sus dibujos, todo lo cual promueve que le consideremos uno de los más cristianos poetas del Universo.

Más, en definitiva, García Lorca era, es y será, un grandísimo poeta de cuya condición nadie puede privarle, y ahí le viene esa eterna fama a la que es acreedor y que nunca se acabará y ha de continuar en aumento.

Lorca, convertido en mito, deja de ser Lorca, y los mitos se hacen eternos. Una fonomanía especial le levanta a perpetuidad la estatua que le pertenece como gran Poeta de la Aventura, como la tiene el César y el Antinoo.

Y esta imagen estatuaria de Lorca es la que ha trascendido universalmente, expuesta a honores insospechados o a agresiones que hieren o matan. Un ser genial no pertenece en exclusiva a círculos reducidos, sino que es patrimonio del mundo entero. Su fama se acrisola de elogios o de reconvenciones y así Federico García Lorca como el Cid sigue ganando batallas después de muerto; batallas de la gran poesía, vencedora de envidias y de resentimientos.

Cuando «Biblioteca Nueva», editora del *Quijote* ilustrado por mí, de tan gran éxito que ya se prepara la segunda edición, me encarga esta nueva versión bibliográfica de los dibujos de García Lorca, inmerso en la atmósfera de los restantes grandes poetas de su generación de 1927, me decido a aceptarlo para que el entorno de Federico contribuya a una mayor amenidad informativa.

Desde hace tiempo abrigaba la idea de escribir sobre las distintas generaciones de poetas que se han ido sucediendo, desde la de Unamuno, en la que yo era todavía un niño, hasta estas otras de mi madurez. En todas ellas me ha sido posible alcanzar una proximidad, una convivencia, que me ha permitido conocerlas y comprenderlas en sus varias dimensiones intensamente. En el archivo de mi Fundación cuento con preciosos documentos que acreditan la autenticidad de mi aserto. Por ahora sólo me referiré a la citada generación del 27, que tanto interés suscita en la actualidad y que es una de las más considerables en el devenir de la historia poética.

Centrado en su generación, sol radiante que ilumina, se encuentra García Lorca, el «inagotable en famas», que nadie logrará extinguir ni oscurecer. En ese entorno, en el que con especial encanto destacan, entre otros, Alberti, Cernuda, Aleixandre, Miguel Hernández, Altolaguirre, Gerardo Diego, Dámaso Alonso, Emilio Prados, Salinas, Guillén...

Los dibujos de Federico están cuajados de crucecitas, flechas y adormideras. ¿Qué secretos guardan estos símbolos? Sólo lo sabe el poeta y alguien al que por merecerle su confianza le regalaba la confidencia. «El misterio, sólo el misterio, nos hace vivir». Este era uno de los muchos lemas de García Lorca. Procuremos entonces infundir misterio a sus misterios y no intentemos penetrar en ellos y desvelarlos, dejémoslo en su misteriosa libertad.

Sin embargo, estos misterios son humanísimos, porque el poeta a veces los aclara en cierta medida: «Casi todos mis dibujos van a dar con su flechita en el corazón.» En sus flechas también puede adivinarse esa combinación que le caracteriza de lo pagano y lo cristiano:

«... ¡Ay, corazón, corazón!
¡San Sebastián de Cupido!»

¿Y las crucecitas? Quizá nadie se haya fijado en estas cruces, plenas de ternura, que con tanta profusión dibuja con su línea escrita. ¿Y las adormideras? Ellas nos retraen a finales y principios de siglo, y en el momento presente constituyen festín de drogadictos.

Gregorio Prieto

Por si fuera poco tres cruces protagonizan este dibujo.
Después de las cruces vendrán los santos: San Rafael Arcangel,
Virgen de los Siete Dolores, San José, San Jorge, San Sebastián.
Luzbel arcangel ensoberbecido de su extremada belleza se metar-
mofosea en Lucifer.
Y después de los santos las Aves Marias Purísimas.

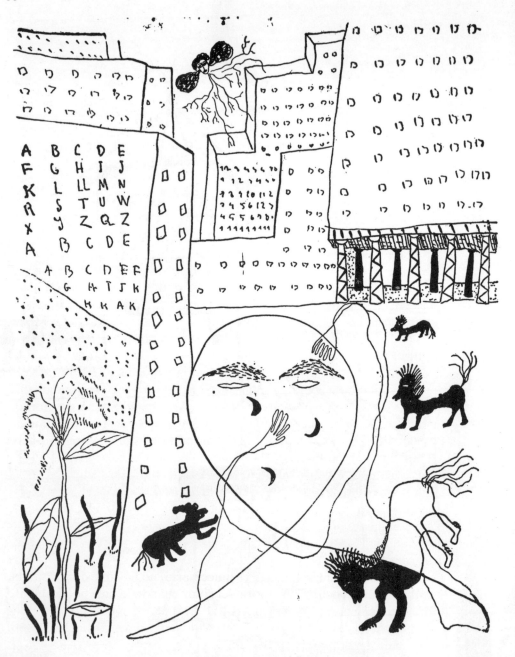

Autorretrato de Federico, en Nueva York.

FEDERICO GARCIA LORCA COMO PINTOR

La actividad artística de todo auténtico creador no se limita, en la mayoría de los casos, a una sola dirección en el campo del arte. La historia está llena de ejemplos valiosos que nos demuestran que el espíritu del artista, si bien se adueña en medida más absoluta de la técnica que le es más afín, no por ello le son indiferentes los otros estudios de las artes.

Todo creador tiene por añadidura a su labor específica una cierta aptitud para otras artes que le atraen. No sólo Ingres tuvo su violín; también en el gran poeta Federico García Lorca la poesía es su compañera oficial, inseparable y fiel. Pero la pintura es la secreta amante por la que se siente fatalmente atraído. Arriesgando su reputación de poeta puro, se revela en sus versos como excelente pintor, como lo pregona con claridad el obsesionante nombrar de colores sin necesidad, solamente por capricho.

A pesar de que se sabe que el árbol es verde, la leche blanca, el limón amarillo, su amor por el color le hace escribirlo en el papel como precioso adjetivo, cual si lo pintara. Así en sus versos: «Arroyos de leche blanca», «Córdoba tiene verdes olivos», «Limoncito amarillo», o cuando describe a la Virgen de la Soledad «vestida con mantos negros».

Si así lo hace cuando hasta es innecesario, no hay que decir con qué exuberante derroche se enamora del color cuando lo cree poéticamente útil, dándose con la fuerza que atrae lo que ardientemente se desea. Como ladrón del más rico y sabroso fruto del cercado ajeno, se entrega plenamente. Un buen ejemplo de esta pasión repetida por el color en Federico García Lorca lo constituye el bellísimo «Romance sonámbulo»: Veinticuatro veces nombra el color verde como una especie de letanía del romance. Este color se presenta aquí como paisaje de fondo que sirve de decoración a los personajes de «verde carne», «pelo verde»,

formando una armonía de color que, como en los cuadros de Veronés,
preside la composición con una serie de matices de gama verdosa.

Verde, que te quiero verde.
Verde viento. Verdes ramas.
El barco sobre la mar
y el caballo en la montaña.
Con la sombra en la cintura,
ella sueña en su baranda,
verde carne, pelo verde,
con ojos de fría plata.
Verde, que te quiero verde,
Bajo la luna gitana,
las cosas le están mirando
y ella no puede mirarlas.

Verde, que te quïero verde.
Grandes estrellas de escarcha
vienen con el pez de sombra
que abre el camino del alba.
La higuera frota su viento
con la lija de sus ramas,
y el monte, gato garduño,
eriza sus pitas agrias.
Pero, ¿quién vendrá? ¿Y por dónde?...
Ella sigue en su baranda,
verde carne, pelo verde,
soñando en la mar amarga.

Compadre, quiero cambiar
mi caballo, por su casa;
mi montura por su espejo;
mi cuchillo, por su manta.
Compadre, vengo sangrando
desde los puertos de Cabra.

Si yo pudiera, mocito,
ese trato se cerraba.
Pero yo, ya, no soy yo;
ni mi casa es ya mi casa.

Compadre, quiero morir
decentemente, en mi cama.

De acero, si puede ser
con las sábanas de holanda.
¿No ves la herida que tengo
desde el pecho a la garganta?

Trescientas rosas morenas
lleva tu pechera blanca.
Tu sangre rezuma y huele
alrededor de tu faja.
Pero yo, ya, no soy yo;
ni mi casa es ya mi casa.

Dejadme subir, al menos
hasta las altas barandas.
¡Dejadme subir!, dejadme,
hasta las verdes barandas;
barandales de la luna
por donde retumba el agua.

Ya suben los dos compadres
hacia las altas barandas.
Dejando un rastro de sangre.
Dejando un rastro de lágrimas.
Temblaban en los tejados
farolillos de hojalata.
Mil panderos de cristal
herían la madrugada.

Verde, que te quiero verde;
verde viento, verdes ramas.
Los dos compadres subieron.
El largo viento dejaba
en la boca un raro gusto
de hiel. de menta y de albahaca.
¡Compadre! ¿Dónde está, dime,
dónde está tu niña amarga?
¡Cuántas veces te esperó!
¡Cuántas veces te esperara,
caras fresca, negro pelo,
en esta verde baranda!

Sobre el rostro del aljibe
se mecía la gitana.
Verde carne, pelo verde,
con ojos de fría plata.

Un carámbano de luna
la sostiene sobre el agua.
La noche se puso íntima
como una pequeña plaza.
Guardias civiles borrachos
en la puerta golpeaban.
Verde, que te quiero verde.
Verde viento. Verdes ramas.
El barco sobre la mar.
Y el caballo en la montaña.

Si en ese romance el verde baña con su transparente color a todos los otros, en el romance de la corrida de «Mariana Pineda» nos describe la fiesta como un pintor impresionista, con vibrantes tonos de atrevida tonalidad, pintor de aire libre donde todo es luz y color:

En la corrida más grande
que se vió en Ronda la vieja.
Cinco toros de azabache
con divisa verde y negra.

. . . .

Las niñas venían gritando
sobre pintadas calesas,
con abanicos redondos
bordados de lentejuelas.
Y los jóvenes de Ronda,
sobre jacas pintureras,
los anchos sombreros grises
calados hasta las cejas.
La plaza, con el gentío
(calañés y altas peinetas)
giraba como un zodíaco
de risas blancas y negras.
Y cuando el gran Cayetano
cruzó la pajiza arena
con traje color manzana
bordado de plata y seda,
destacándose gallardo
entre la gente de brega
frente a los toros zaínos
que España cría en su tierra,
parecía que la tarde
se ponía más morena.

. . . .

¡Qué gran equilibrio el suyo
con la espada y la muleta!
¡Mejor, ni Pedro Romero
toreando las estrellas!
Cinco toros mató, cinco,
con divisa verde y negra.
En la punta de su estoque
cinco flores dejó abiertas,
y a cada instante rozaba
los hocicos de las fieras,
como una gran mariposa
de oro con alas bermejas.
La plaza, al par que la tarde,
vibraba fuerte, violenta,
y entre el olor de la sangre
iba el olor de la sierra.

En este poema, aunque también persiste el color verde, es con el mismo valor que otros colores.

En la preferencia de tonos del poeta, al verde sigue el rojo, que por curioso contraste sugiere más que lo nombra, como puede observarse en estos varios ejemplos: «vengo sangrando», «dejando un rastro de sangre», «la herida que tengo desde el pecho a la garganta», «Ay, mis muslos de amapola», «fuente de sangre con cinco chorros», «bañó con sangre enemiga su corbata carmesí», «voz de clavel varonil», «San José lleno de heridas», «con sus dos pechos cortados», «Mil arbolillos de sangre», «Trescientas rosas morenas lleva tu pechera blanca», «tu sangre rezuma y huele»... Estos ejemplos bastan; sería interminable mencionar todas las sugerencias que el color rojo pone en la poesía de Federico.

El amarillo es como una piadosa venda que quisiera cubrir disimulando con la alegría de su tonalidad esa honda y tremenda herida roja que desde el primer libro de la adolescencia del poeta hasta el último de su joven madurez, se va agrandando hasta causarle la trágica muerte que él ha ido presintiendo en toda su poesía, acercándose a ella como alucinado amado y amante. A lo largo de toda su obra poética van regando estas heridas «llantos de zumo de limón», «limoncito amarillo, limonero», «cabelleras amarillas a las amarillas torres», «una serpiente amarilla», «cobre amarillo su carne», «en la torre amarilla doble una campana», «sobre el viento amarillo», etc., etc.

Entre estos fuertes colores, verde, rojo, amarillo, negro y blanco,

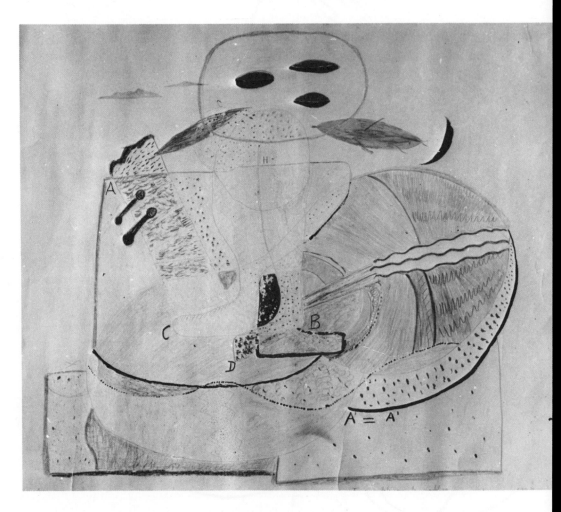

Federico, autorretrato.

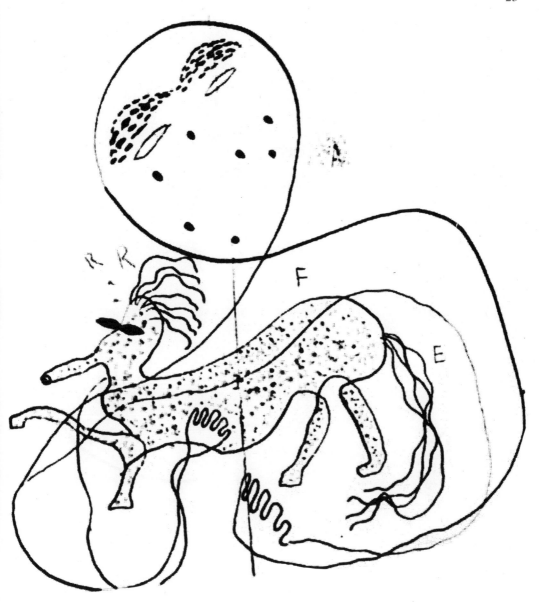

¿Otro autorretrato? Cejas y lunares lo delatan. Subrayado por un capricornio ente, a falta de su habitual Génesis. Pudiera ser hembra o varón, pero siempre humanidad corporea que evadirse quiere de su prisión.

otra gama más suave de matizados colores sonríe entre la adusta sobriedad de estos colores enteros.

Así la delicada tonalidad de «Romeo y Julieta, celeste, blanco y oro, se abrazan sobre el jardín», «paños blancos enrojecen», «raso pajizo», «largas capas oscuras», «ventanitas de oro», «rosa de mis labios», «carne rubia», «rosa azul de tu vientre», «verdes los ojos y violeta la voz», «arco iris negro sobre la noche azul» y, sobre todo, en el delicado romance «Rosa mutabile» de la dulce tragedia escondida de doña Rosita la soltera, es donde el poeta encuentra apropiado motivo para combinar el rojo con el blanco, formando una rosácea armonía de deliciosos matices.

> Cuando se abre en la mañana
> roja como sangre está.
> El rocío no la toca
> porque se teme quemar.
> Abierta en el mediodía
> es dura como el coral.
> El sol se asoma a los vidrios
> para verla relumbrar.
> Cuando en las ramas empiezan
> las pájaros a cantar
> y se desmaya la tarde
> en las violetas del mar,
> se pone blanca, con blanco
> de una mejilla de sal;
> y cuando toca la noche
> blanco cuerno de metal
> y las estrellas avanzan
> mientras los aires se van,
> en la raya de lo oscuro
> se comienza a deshojar.

Si en estos colores intermedios, transparentes como los de una acuarela, se revela dulce y amable, en otras ocasiones —como un Goya de su última época— compondrá adustas coloraciones con el uso del blanco y negro. Pero entre estas hoscas tonalidades y las acuareladas transparencias tiene cuadros al óleo, acabados y de minucioso dibujo, como son el Prendimiento y la muerte de Antoñito el Camborio, en el camino de Sevilla. En ese agua que se va convirtiendo de oro al ir tirando en ella los limones cortados, y en esa fuente de sangre con cinco chorros bermejos se aprecia la pasión colorista del poeta.

Antonio Torres Heredia,
hijo y nieto de Camborio,
con una vara de mimbre
va a Sevilla a ver los toros.
Moreno de verde luna,
anda despacio y garboso.
Sus enpavonados bucles
le brillan entre los ojos.

A la mitad del camino
cortó limones redondos,
y los fué tirando al agua
hasta que la puso de oro.
Y a la mitad del camino,
bajo las ramas de un olmo,
guardia civil caminera
lo llevó codo con codo.

El día se va despacio,
la tarde colgada a un hombro,
dando una larga torera
sobre el mar y los arroyos.
Las aceitunas aguardan
la noche de Capricornio,
y una corta brisa ecuestre
salta los montes de plomo.
Antonio Torres Heredia,
hijo y nieto de Camborio,
viene sin vara de mimbre
entre los cinco tricornios.

Antonio, ¿quién eres tú?
Si te llamaras Camborio,
hubieras hecho una fuente
de sangre con cinco chorros.
Ni tú eres hijo de nadie,
ni legítimo Camborio.
¡Se acabaron los gitanos
que iban por el monte solos!
Están los viejos cuchillos
tiritando bajo el polvo.

A las nueve de la noche
lo llevan al calabozo,
mientras los guardias civiles
beben limonada todos.

Y a las nueve de la noche
le cierran el calabozo,
mientras el cielo reluce
como la grupa de un potro.

En este otro poema dedicado a la «Muerte de Antoñito el Camborio»
se aprecia, no solamente al pintor que colorea al gitano y su indumen-
taria, sino al también dibujante delineando un perfil:

Voces de muerte sonaron
cerca del Guadalquivir.
Voces antiguas, que cercan
voz de clavel varonil.
Les clavó sobre las botas
mordiscos de jabalí.
En la lucha daba saltos
jabonados de delfín.
Bañó con sangre enemiga
su corbata carmesí,
pero eran cuatro puñales
y tuvo que sucumbir.
Cuando las estrellas clavan
rejones al agua gris,
cuando los erales sueñan
verónicas de alhelí,
voces de muerte sonaron
cerca del Guadalquivir.

Antonio Torres Heredia,
Camborio de dura crin,
moreno de verde luna,
voz de clavel varonil:
¿Quién te ha quitado la vida
cerca del Guadalquivir?
Mis cuatro primos Heredia,
hijos de Benamejí.
Lo que en otros no envidiaban,
ya lo envidiaban en mí.
Zapatos color corinto,
medallones de marfil,
y este cutis amasado
con aceituna y jazmín.
¡Ay, Antoñito Camborio,
digno de una emperatriz!

Acuérdate de la Virgen,
porque te vas amorir.
¡Ay, Federico García,
llama a la Guardia Civil!
Ya mi talle se ha quebrado
como caña de maíz.

Tres golpes de sangre tuvo
y se murió de perfil.
Viva moneda que nunca
se volverá a repetir.
Un ángel marchoso pone
su cabeza en un cojín.
Otros de rubor cansado
encendieron un candil.
Y cuando los cuatro primos
llegan a Benamejí,
voces de muerte cesaron
cerca del Guadalquivir.

En la gama colorista de García Lorca también tiene mucha preponrancia el blanco; con este color pinta tiernas apariciones de lindas muchachas: «Olalla blanca en el árbol», «en el aire blanco», «Olalla blanca en lo blanco», «una muchacha morena, junto a una blanca serpiente», «de luces blancas», «cielo de blancos mulos», «avisad a los jazmines con su blancura pequeña», «seis gitanas vestidas de blanco bailan», «en la casa blanca», «cantan una canción en su vihuela blanca», «llevan blancas mantillas», «sobre el humo blanco», «vestidas de blanco», «tiene blancos los cabellos y brillantes las pupilas», un niño trajo la blanca sábana», etc., etc.

El color blanco le sirve al poeta como optimista visión muchas veces, y canta con este color a la mujer y a los niños. Por el contrario, el negro, cuando se alza en su poesía, es como un muro infranqueable de tristeza y dolor. Así lo vemos en el Romance de la Guardía Civil, en el que el poeta, al sentirse gitano, ve negras, no sólo las capas de los guardias, sino todo lo que se refiere a los perseguidores de los desmanes gitanos.

Los caballos negros son.
Las herraduras son negras.
Sobre las capas relucen
manchas de tinta y de cera.

> Tienen, por eso no lloran,
> de plomo las calaveras.
> Con el alma de charol
> vienen por la carretera.

En «Llanto por la muerte de Ignacio Sánchez Mejías» resplandece el mismo apasionamiento de color y dinámico movimiento que en el cuadro de Paolo Uccello «La batalla», de la National Gallery de Londres.

En «Llanto por la muerte de Ignacio Sánchez Mejías» también se aprecia el pintor típicamente andaluz que se une a la tradicional pintura de Velázquez; también éste es andaluz, pero su contenida y aristocrática gracia sevillana lo diferencia del poeta granadino, lleno de exuberante color popular. Este poema a Sánchez Mejías lo construye Lorca con sólo tres colores: el blanco, el negro y el rojo, como puede apreciarse en estas estrofas:

> ¡Que no quiero verla!
> Dile a la luna que venga,
> que no quiero ver la sangre
> de Ignacio sobre la arena.
>
> ¡Que no quiero verla!
>
> La luna, de par en par.
> Caballo de nubes quietas,
> y la plaza gris del sueño
> con sauces en las barreras.
>
> ¡Que no quiero verla!
> Que mi recuerdo se quema.
> ¡Avisad a los jazmines
> con su blancura pequeña!
>
> ¡Que no quiero verla!
>
> La vaca del nuevo mundo
> pasaba su triste lengua
> sobre un hocico de sangres
> derramadas en la arena,
> y los toros de Guisando,
> casi muerte y casi piedra,
> mugieron como dos siglos
> hartos de pisar la tierra.
> No.
> ¡Que no quiero verla!
> . . . .

Pero ya duerme sin fin.
Ya los musgos y la hierba
abren con dedos seguros
la flor de su calavera.
Y su sangre ya viene cantando;
cantando por marismas y praderas,
resbalando por cuernos ateridos,
vacilando sin alma por la niebla,
tropezando con miles de pezuñas,
como una larga, oscura, triste lengua,
para formar un charco de agonía
junto al Guadalquivir de las estrellas.
¡Oh, blanco muro de España!
¡Oh, negro toro de pena!
¡Oh, sangre dura de Ignacio!
¡Oh, ruiseñor de sus venas!
No.
¡Que no quiero verla!
Que no hay caliz que la contenga,
que no hay golodrinas que se la beban,
no hay escarcha de luz que la enfríe,
ni hay canto ni diluvio de azucenas,
no hay cristal que la cubra de plata.
No.
¡¡Yo no quiero verla!!

La técnica con que el poeta emplea estos colores responde a la de Velázquez en el «Cristo en la Cruz» o a la de los blancos hábitos de monjes sobre intensos fondos negros, de Zurbarán.

En el poema «El Grito» ve negro el arco iris, y en «Cueva» este negro lo combina: «de la cueva salen negros sollozos» (lo cárdeno sobre lo rojo). El gitano evoca países remotos (lo negro sobre lo rojo). Y la cueva encalada tiembla en el oro» (lo blanco sobre lo rojo). En el poema «Saeta» dice: «Los arqueros oscuros a Sevilla se acercan», «anchos sombreros grises, largas capas lentas». En otra saeta dice: «Cristo moreno pasa de lirio de Judea a clavel de España», «de España, cielo limpio y oscuro, tierra tostada», «Cristo moreno, con las guedejas quemadas, los pómulos salientes, las pupilas blancas». Y en «Lamentación de la muerte»: «sobre el cielo negro, culebrinas amarillas», y en «Malagueña»: «pasan caballos negros». Como se ve por todos estos ejemplos, el color tiene personalidad propia, como la tiene el poeta también en las pinturas realizadas gráficamente, de las que nos ocuparemos más adelante.

Algunas veces estos negros los agrisa —«los grises puros de la brisa»— o como puede verse en el perfecto retrato que el poeta hizo de José de Ciria y Escalante (que por cierto tiene más parecido real que otro que yo realicé a lápiz a este mismo modelo). El retrato hecho por Federico es así:

¿Quién dirá que te vió, y en qué momento?
¡Qué dolor de penumbra iluminada!
Dos voces suenan: el reloj y el viento,
mientras flota sin ti la madrugada.

Un delirio de nardo ceniciento
invade tu cabeza delicada.
¡Hombre! ¡Pasión! ¡Dolor de luz! Memento.

Vuelve hecho luna y corazón de nada.
Vuelve hecho luna, con mi propia mano
lanzaré tu manzana sobre el río
turbio de rojos peces de verano.

Y tú, arriba, en lo alto, verde y frío,
¡olvídate! y olvida al mundo vano,
delicado Giocondo, amigo mío.

El parecido que tiene la fisonomía de este muchacho en el verso es genial, al encontrar la semejanza física que existe entre él y el célebre cuadro de Leonardo de Vinci.

Otras veces Lorca usa un negro mate como de carboncillo. En estos dibujos sombreados la nota vibrante de color cambia por severas sombras; por ejemplo: «Y en la noche del huerto, sus sombras se alargan y llegan hasta el cielo moradas». Otras sombras son como proyectadas por la luz artificial, como las que las escayolas de las academias de dibujo ponen sobre las paredes: «su desnudo de carbón tizna los aires helados», o «las sombras que en los atardeceres misteriosamente surgen en los campos: «largas sombras afiladas vienen del turbio horizonte». «El grito deja en el viento una sombra de ciprés». O bien esta personalísima sombra: «El camino ondulante salomoniza la sombra del caballo». En el inteligente dibujo de esta última sombra, la columna de estilo salomónico va rodando por ese camino, tirada y conducida por su proyector, el caballo.

Si comparamos esta última sombra barroca con la japonizante de las palomas de «Cazador», vemos la gran diferencia que existe entre ambas. Este «Cazador», más que un breve poema, es una ilustración impresionista. Veámoslo:

¡Alto pinar!
Cuatro palomas por el aire van.

Cuatro palomas
vuelan y tornan.
Llevan heridas
sus cuatro sombras.

¡Bajo pinar!
Cuatro palomas en la tierra están.

Opuesta a esta sombra ligera son las otras anteriormente citadas, sombras que parecen tomadas de Rembrant por su misterioso claroscuro. Federico se inspira en todas las escuelas pictóricas, imprimiéndoles la marca de su personalidad. De la impresionista ya hemos visto el poemita «Cazador». De la cubista es buen ejemplo este verso: «Fachadas de cal ponían cuadrada y blanca la noche». De la neoclásica estos versos del poema de Sánchez Mejías:

"Aire de Roma andaluza
le doraba la cabeza
dinde su risa era un nardo
de sal y de inteligencia.

. . . .
Como un río de leones
su maravillosa fuerza
y como un torso de mármol
su dibujada prudencia."

De la surrealista: «Los negros lloran confundidos entre paraguas y soles de noche», «los mulatos estiraban gomas ansiosos de llegar al torso blanco». «Negros, negros, negros, negros». O bien esta armonía de azules: «Es por el azul sin historia, azul de una noche sin temor de día, azul donde el desnudo del viento va quebrando los camellos somnámbulos de las nubes vacías».

El caricaturista se revela a veces genialmente viendo en las líneas retorcidas y múltiples de una chumbera los cuerpos con brazos extendidos que enroscan serpientes en la escultura helenística de Laocoonte y describiendo, por tanto, la chumbera como «Laocoonte salvaje».

Con estos ejemplos tan gráficos queda demostrada plenamente la existencia de un verdadero pintor en Federico García Lorca, pintor que empleaba la imagen en vez de los pinceles, pero que concebía sus poemas como cuadros auténticos, llenos de rutilantes colores inesperadas sorpresas de composición y dibujo.

Pero no se crea que era sólo con la poesía con lo que Federico demostraba su cualidad de pintor. Dijimos al principio de este escrito que la pintura era la amante secreta del poeta, y, como todo amor, no pudo quedar para siempre en secreto. Federico hacía dibujos de verdad, esos que se hacen con auténticos lapiceros de colores y tintas, y con los que el poeta desahoga sus aficiones, y, por gracioso contraste, en estos pequeños cuadros de verdad sus pinturas resultan más de poeta que de pintor.

Es natural que así sea; el artista-pintor precisa un duro aprendizaje que al poeta le falta, y así, al querer pintar plásticamente, la técnica no le responde para expresar debidamente lo que se propone decir. La pintura es disciplina, y la poesía, aunque lo sea también, en otro sentido, no lo es tanto en el rudo tratar de la materia que se tiene que manejar como trabajo de obrero.

La poesía es más inspiración que oficio y vuela por donde le viene en gana. La pintura, en cambio, está en pie y es más piedra que ala para volar.

Puede observarse esto comparando el dibujo de la Virgen de los Siete Dolores con el poema «Paso». En ambos expresa García Lorca el mismo asunto, con diferentes técnicas. En el poema dice así:

Virgen con miriñaque,
Virgen de la Soledad,
abierta como un inmenso
tulipán.
En tu barco de luces
vas
por la alta marea
de la ciudad,
entre saetas turbias
y estrellas de cristal.

Virgen con miriñaque,
tú vas
por el río de la calle
¡hasta el mar!

El poema tiene la maestría del poeta, que puede, si quiere, pintar con su verso, mientras que el dibujo carece de maestría de pintor; pero tiene, en cambio, el sentimiento poético de un pincel de inspiración.

Recorre Lorca en sus dibujos, al igual que en su poesía, todos los ismos que parecen haberse congregado en este período de entre las dos grandes guerra, en el que su obra poética se produjo. Los mejores dibujos del poeta son aquellos en que, desprendido de toda preocupación de escuelas, con ingenuidad de niño, dice lo que se le antoja, como una escapada secreta al mundo de sus sueños.

La primera vez que yo vi un dibujo de Lorca fue el mismo día que lo conocí. Por entonces celebraba yo mi primera exposición en el Museo de Arte Moderno, de Madrid, y se presentó en ella, acompañado de otros estudiantes. Ese mismo día, en su cuarto de la residencia estudiantil, vi colgado en la cabecera de su cama el dibujo de la Virgen de los Siete Dolores. Me gustó, se lo dije, y, sin decir nada, lo descolgó del muro y me lo ofreció como regalo. Es este uno de sus más bellos dibujos y el que representa mejor su sensibilidad andaluza. De este mismo momento son algunos otros con que adornó con paciente alegría un ejemplar del «Libro de Poemas», que también me dedicó. En ellos se expresa un primitivismo infantil, que se complace en el minucioso detalle y el alegre color. Estos dibujos parecen formar parte de una visión panorámica de Granada vista desde la Alhambra, llena de íntimos rincones, y que seguramente quedó grabada en los ojos y en la imaginación de cuando el poeta era niño. Otros dibujos posteriores a esta época aparecen preocupados por un exceso de modernidad; es es la época en que el surrealismo influye en tantos pintores y poetas.

García Lorca componía sus dibujos como un «entretén», como algo que le divertía y como si estuviera jugando, pero ponía en ellos, al mismo tiempo, esa seriedad que los niños ponen al hacer los suyos, y un interés infantil, como quien desarrolla algo trascendental en su vida.

Era como rellenar los huecos de un cajón atestado de su poesía. Federico, que hacía de todo —prosa, música, baile, teatro, canto, charlar y contar, divirtiéndose y divirtiendo con su simpatía desbordante—, no podía dejar de dedicar algo de su tiempo al dibujo y a la pintura en general.

En él no suponía tragedía, como en otros poetas que escriben y pintan simultáneamente; no. Federico se entretenía con sus encantadores dibujos, y ello le bastaba. Luego los regalaba a sus amigos como un chiquillo generoso que regala sus confites y almendras a otros niños.

Pero esta generosidad no excluia la conciencia de lo que hacía. Lorca creaba sus dibujos de honda personalidad exactamente igual que el verdadero artista, componiendo, coloreando y ejecutando gracias a la genial intuición, que acierta, en la mayoría de los casos, más que la técnica calculadora. En sus dibujos, Lorca nunca fue «clase media»; era pobre o rico, pero siempre con «angel»; de ahí la elegancia superior de sus líneas. No teorizaba, como otros tantos pintores, que «refríen» en su conversación lo aprendido en las lecturas de revistas y tratan de encubrir (muchas veces consiguiéndolo) su incapacidad creadora con un barniz de «culturina» que puede engañar a críticos y profesionales. Federico hacía sus dibujos por *amor*, como todo lo que ordenaba su vida, que era como una cántara llena de perfumes, de ungüentos maravillosos, constantemente desbordándose, y que aun hoy sigue llenando todos los ámbitos con el perfume que dejó su recuerdo.

Huelga, pues, al comentar estas florecillas lineales de su poesía, citar influencias de nombres famosos, hecho tan corriente en la crítica convencional, que recurre a presuntos paralelismos para evitarse el esfuerzo necesario del estudio directo de un artista.

Si los poetas sugieren con líneas imaginativas cuanto anhelan y y sienten, no tiene que extrañar que un poeta tan gráfico como Federico y tan dotado de dones de la naturaleza, llevase al papel los esquemas de sus poesías, que son sus dibujos. Porque todos estos dibujos se van realizando paralelamente a lo largo de su poesía, y completan la labor del poeta-pintor, tan característica de su obra poemática.

Los temas de sus dibujos son muy variados y responden a la inspiración del momento, aunque existen algunos preferidos que repitió con verdadera deleitación. Así tenemos las fuentes, fuentes ingenuas con sus surtidores vacilantes, que son como una intuición de que su corazón reposaría junto a las fuentes frías de la Sierra Nevada. Al lado de estas fuentes, la niña granadina, de ojos grandes y trágicos, vela su sueño y contempla, extasiada, cómo la ondulada cabellera de su rostro acuático se la lleva cantando de alegría.

En otros dibujos de conventos religiosos se ven cruces por todas partes, que indican claramente el sentimiento religioso de Federico. Crucecitas recortadas como las que las monjitas acompañan a sus cartas, sus libros y sus regalos confiteriles, y que nadie como Federico supo captar en toda su recóndita poesía, aprendida en los deliciosos conventos granadinos de recatados jardines interiores, de patios floridos presididos por la enseña de la Cruz.

Otras veces el tema son marineros o arlequines; marineros borrachos de cuyas cabezas, como fuentes de dos chorros de aguas mezcladas, surgen la vida y la muerte, el vicio y la virtud; o el vértigo de aguas arremolinadas y mareantes que tienden a caer, pero que, cual cristal irrompible, se mantienen en pie. De las gorras de algunos de estos marineros salen a veces cintas caprichosas que dan misterio al ambiente, transfigurándolas en pájaros marinos que vuelan mágicamente.

En el gracioso dibujo de la monjita en oración se ven, escritas en la pared, las palabras *Ave María* y *Amor*.

Porque Federico sabía que el amor todo lo santifica y lo alza; el amor rige al mundo y sus seres, y es el monumento imperecedero que abre un agujerito de luz en las tinieblas más densas.

A todas sus figuras Lorca las agitana un poco; todas tienen algo de tipo del poeta; podríamos decir que se autorretrata en casi todos los dibujos. Ojos grandes y tristes, melancolía, nostalgia, que tunantemente quiere disfrazar de frivolidad graciosa, pero que no logra encubrir, puesto que emerge siempre su hondura inaccesible. Al lado de la melancolía, un ansia poética, como de niño que va a la Feria y quisiera llevarse consigo todos los juguetes de vivos colores que ve en ella, y, no pudiendo, una nostalgia asesina se apodera de su ser. Nostalgia no se sabe concretamente de qué, que consumía al poeta misteriosamente.

En los dibujos de Federico hay que distinguir dos épocas, la primera, infantilista y espontánea, de inspiración directa, pero que, a pesar de su ingenuidad, el poeta sabe lo que hace, como lo proclaman palabras suyas al crítico de arte barcelonés Sebastián Gasch, cuando le dice en su carta: «Pero sin tortura ni sueño (abomino del arte de los sueños), ni complicaciones. Estos dibujos son poesía pura y plástica pura a la vez. Me siento limpio, confortado, alegre, niño cuando los hago. Y me da horror la palabra que tengo que usar para llamarlos. Y me da horror el poema con versos, y me da horror la pintura que llaman directa, que no es sino una angustiosa lucha contra las formas en la que el pintor sale siempre vencido y con la obra muerta. En estas abstracciones más veo yo realidad creada que se une con la realidad que nos rodea, como el reloj concreto se une al concepto, de una manera como lapa en la roca».

Como puede apreciarse por estas palabras de Lorca, el poeta sabía muy bien lo que quería hacer y porqué. En otro párrafo de la misma epístola anterior, Lorca califica sus dibujos de «dibujos humanísimos», porque, como él aclara «casi todos van a dar con su flechita en el corazón».

En otra carta a este mismo crítico, que tanto le impulsó en su tarea, le dice: «Verdaderamente disfruto con los dibujos. Yo me voy proponiendo temas antes de dibujar y consigo el mismo efecto que cuando no pienso en nada. Desde luego, me encuentro en estos momentos con una sensibilidad ya casi física que me lleva a planos donde es difícil tenerse de pie y donde casi se vuela sobre el abismo.»

A tal grado llega a veces su preocupación por encontrar su personal manera dibujística que exclama: «Me cuesta un trabajo ímprobo sostener una conversación normal con estas gentes..., porque mis ojos y mis palabras están en otro sitio. Están en la inmensa biblioteca que no ha leído nadie, en un aire fresquísimo, país donde las cosas bailan sobre un solo pie.»

Más adelante su dibujo evulucionará, y aunque en 1927 dijera que «abomino del arte de los sueños», da entrada en sus composiciones lineales a la técnica surrealista. Aunque la entraña de estos dibujos sea la misma, ha variado de manera de expresar el sentimiento. Los dibujos para ilustrar «Poeta en Nueva York» pertenecen a este momento, paralelo al de su poesía, que también se incorpora elementos surrealistas. Evolución en el dibujante lograda con gran trabajo por su parte, como dice en otra carta: «Estos últimos dibujos que he hecho me han costado un trabajo de elaboración grande. Abandonada la mano a la tierra virgen y la mano junto con mi corazón, me traía los elementos milagrosos. Yo los descubría y los anotaba, volvía a lanzar mi mano, y así, con muchos elementos, escogía las características del asunto o los más bellos e inexplicables y componía mi dibujo... Hay milagros puros..., que tuve verdadero escalofrío cuando salió esa armonía de líneas que no había pensado, ni soñado, ni querido, ni estaba inspirado... Unos dibujos salen así, como las metáforas más bellas, y otros buscándoles en el sitio donde se sabe seguro que están. Es una pesca. Unas veces entra solo el pez en el cestillo y otras se busca la mejor agua y se lanza el mejor anzuelo a propósito para conseguir. El anzuelo se llama realidad.»

Como se ve, ni siquiera describiendo su creación pictórica abandona Lorca ese bellísimo lenguaje poético. En otro párrafo aclara aún más su idea, y la muestra sobre sus dibujos también: «Yo he pensado y he hecho estos dibujitos con un criterio poético-plástico a plástico-poético, en justa unión. Y muchos son metáforas lineales o tópicos sublimados.»

Y donde el poeta nos da el secreto de su misión surrealista es con estas palabras: «He procurado escoger los rasgos esenciales de emoción y de forma, o de super-realidad y super-forma, para hacer con ellos un signo que, como llave mágica, nos lleve a comprender mejor la realidad que tiene el mundo.»

No quisiera acabar sin recordar lo que una hermosa tarde de verano madrileño, sentados a las frescas sombras de los chopos jardineros de la Residencia de Estudiantes, me dijo el poeta: «Gregorio, la poesía de tu pintura y la pintura de mi poesía nacen de la entraña del mismo manantial.» Palabras con las que Lorca se declaraba conscientemente pintor.

Siempre la humanidad se ha lamentado de sus artistas muertos prematuramente, malogrados. Pero creo que morir a tiempo es suerte grande y el acontecimiento más envidiado de todos los poetas, ya que la poesía va tan estrechamente ligada a un fluido juvenil, Y salvo casos excepcionales, el don poético va desapareciendo o se pudre a medida que el poeta va mal envejeciendo. Armonía en el morir llamaría yo a estas vidas segadas en plena juventud, que se agigantan más y más con el tiempo, y cuyas muertes son elementos genialmente decorativos a sus vidas transitorias. En los seres geniales muertos en plena juventud anida la realidad de una obra cumplida y la esperanza trágica e ilusionada de pensar en la continuación de esa obra que, a juzgar por lo realizado, hubiera podido ser de belleza sin límites. La Providencia hace desaparecer en la edad dorada a sus seres privilegiados para aureolarlos de heroicidad o hermosura, como el gran poeta y el gran plástico Federico García Lorca, que en su breve paso por el mundo terrenal, nos legó una obra tan cuajada de celestiales frutos, de angélicas floraciones.

Federico en Oxford.

Retratos por Gregorio Prieto de los poetas Cernuda, Altolaguirre, Miguel Hernández y Federico García Lorca que figuraron en el pabellón español de la Exposición de Nueva York.

FEDERICO GARCIA LORCA

Elegía. Por JORGE GUILLÉN

También recordando a
Miguel Hernández

I

Un murmullo cruzando va el silencio
Con fluencia continua,
Manantial que es un alba sobre rocas,
Vislumbres sobre espumas.
¿En el agua vacila una mirada?
Un esclarecimiento va aguzándose
Como si fuera ya radioso espíritu,
Y ya tiende hacia un canto,
Que dice...
                    Dice: vida.
Nada más.
                    Invasión
De evidencias nos sume, nos asume
Y sin embriagarnos, convincente,
Nos arrebata a un aire-luz. Se impone
La suma desnudez irrebatible.
Estalla claridad,
Claridad que es humana
Con su luz de conquista,
Avance de una forma,
De un gesto que es lenguaje,
Triunfo de creador,
Y con duende, con ángel y con musa,
Luminosos espectros,
En plenitud coloca
La humanidad del hombre.

II

El hombre sabe lo que ignora el árbol,
Lo que contempla el mar indiferente.
A través de un causal deslumbramiento,
De pronto se descubre...
¿Qué se descubre ya?
A zaga de la vida va la muerte:
Sucesión —no hay remedio— rigurosa.

Ved al privilegiado.
¿Libre y gozoso infunde
La dicha de la luz?
Ahora es quien padece
Bajo el rayo sombrío.
Dolor, terror, alarma siempre en guardia.

En las umbrías de este sol cruel,
A pesar de la paz
A plomo de las siestas,
Paredes encaladas son anuncio,
Entre cactos y olivos,
De atropello, de crimen.
Inminencias dañinas,
Ay, precipitarán,
Y violentamente,
La fluencia de sangre hacia un cuchillo
De venganza, de rabia.

Miradle bien. El es quien mejor sabe
De un derramado carmesí postrero.

III

El campo sometido a su negrura,
Los desiertos del cielo sin sus lumbres,
Ya las ínfimas fuerzas prevalecen,
Dilatan ese caos
Que no prepara a ser.
Caos: un solo mar
De vómitos, Los odios
Buscan razones, hallan más delirios.
Los muertos se extravían en silecio,
Silencio entre descargas.
Sepulturas sin losas.

¿Va a caer el mejor?

Algo brilla un instante,
Y la adivinación no se equivoca:
Excelso. Caerá.

No caerá.
      ¡No!
          ¡No!

Ojos había para ver. Caído.

Del estupor, muy largo,
Queda suspenso el orbe.
La desesperación
No llora aún, muy seca.
Acompaña, latente,
El invisible cúmulo estrellado.

A corazones entre sí remotos
Se les juntan sus cóleras.
¿A quién no abarca pena universal?
No habrá llanto bastante
Por todos los caídos
Sepultos, insepultos.

La Creación es una destrucción.

Hasta el sumo dicente se ha callado.
Inmortal en nosotros, pero muerto.
No hay brisa melancólica entre olivos.
Desesperado viento sobre el muerto.
Desesperado el hombre junto al muerto.

Nueva York.
23-sept.— 1956

Sr. D. Gregorio Prieto.

Distinguido amigo: Acabo de recibir su cariñosa carta y el precioso libro que Vd. tan amablemente ha hecho editar á propósito para mí. Muchísimo le agradezco esta atensión y todo cuanto hace por el buen nombre de la obra de mi hijo, pues se el cariño y la admiración que pone en todo ello.

Con emoción y cariño guardo su recuerdo y con saludos de mis hijos, reciba un afectuoso saludo de su buena amiga:

Vicenta Lorca de García.

Vicenta Lorca de García

LA MADRE DE FEDERICO GARCIA LORCA
Y OTROS RECUERDOS

Conocí a Juan Ramón Jiménez, presentado por García Lorca, una tarde del verano de 1924, en la Residencia de Estudiantes de Madrid, donde se alojaba Lorca. Yo era muy amigo de Federico García Lorca y había ido a verle en aquella ocasión acompañado de Rafael Alberti, que tenía gran interés en conocer a Federico. Lorca ya había publicado su *Libro de Poemas*, cuyo ejemplar, por cierto, conservo con las ilustraciones que le hizo el propio poeta. Federico sabía mi pasión por sus dibujos, que yo guardaba con todo cariño, y es por ello que conservo la mejor colección de dibujos de Lorca, porque Federico me los regalaba, de vez en cuando, con estas palabras: «Muchos tiran mis dibujos, Gregorio, pero yo te los doy porque se que tu los guardas y, algún día, cuando me muera, los harás famosos.» No se equivocaba Federico, porque en realidad ya están valorados y son famosos y «ya, nadie los tira».

Entre la ingratitud e incomprensión de algunos conservo una carta que me compensa de todo y es premio a esta labor del cuidado que he puesto en valorar sus dibujos y que quede constancia de como era el poeta en sus rasgos físicos, que le inmortalicen, pues los retratos que hice, también, al poeta son los únicos que lo recuerdan «de como era en vida». Llegué a hacer con Lorca 12 retratos.

Esta carta es el testimonio más emocionante para mí, pues nadie con más cariño y desinterés que una madre puede juzgar:

«Nueva York, 23 sept. 1950.—Sr. D. Gregorio Prieto. Distinguido amigo: Acabo de recibir su cariñosa carta y el precioso libro que usted tan amablemente ha hecho editar a propósito para mí. Muchísimo le agradezco esta atención y todo cuanto hace por el buen nombre de la obra de mi hijo, pues sé el cariño y la admiración que pone en todo ello.

«Con emoción y cariño guardo su recuerdo y con saludos de mis hijos, reciba un afectuoso saludo de su buena amiga:

Vicenta Lorca de García».

Estos dibujos míos nacieron al calor de una conversación con el poeta. Era un 7 de Abril de 1924 cuando conocí a Federico García Lorca. Por entonces era yo estudiante de Arte y en ese día se inauguraba una exposición del fruto agraz de mi pintura. Asistió a ella Federico. Al atardecer paseamos el poeta y yo entre estatuas y fuentes del Retiro y al calor de su apasionada conversación y recintando poesías nació la idea de un libro de poemas suyos y dibujos míos. Al día siguiente, en la Residencia de Estudiantes, me dió como recuerdo una imagen que pendía de la cabecera de su cama, representando la Virgen de los Siete Dolores, por él mismo dibujada, como prenda del compromiso de este libro en colaboración.

Este libro no llegó a realizarse. Era la época de mis frecuentes y largos viajes al Cairo, Italia, Grecia, Escandinavia y Cabo Norte. De vez en cuando estas ausencias se interrumpían con breves visitas a España y se animaban con cartas.

«Gregorio desde esta magnífica vega granadina te envío un abrazo y mi más sincero recuerdo.»

«Estoy rodeado de chopos, de ríos y de cielo claro y transparente. Empiezo a trabajar. Esta carta es únicamente un saludo. Yo espero que si me contestas pronto podremos charlar este verano.»

En casi todas sus cartas campaban dibujos graciosos, «limones, muchachas, hojitas», que solía titular, «ésta es mi musa» o ese eterno letrero de «escríbeme pronto, Gregorio», encerrado en una nubecita sujeta a una línea que nace en la boca de unas figuras dibujadas.

Un día, desde París, le envié un dibujo recordándole nuestro libro. Sus elogios en respuesta fueron tan entusiásticos que desde entonces he trabajado casi ininterrumpidamente en aquel libro que había brotado espontáneamente de nuestra primera conversación entre frondas y cielo.

En cuanto a los retratos que él me posó como estudios preliminares para el de cuerpo entero, es curiosa la conversación que sosteníamos. Federico tan sencillo y jovial en apariencia, era profundo y hasta trágico en su interior, en sus presentimientos de muerte. En sus interminables conversaciones me decía como bromeando en serio, con esa hiperbólica gracia andaluza. «Con estos retratos que me haces, los dos nos inmortalizamos, son de la misma categoría que de los de Góngora hizo Velázquez». Esta profecía, como casi todas las suyas, dichas así como a la ligera, todas se han realizado. Así de ésta dan prueba los tomos de la Antología poética española, de Valbuena Prat, en cuyas tres portadas figuran los retratos del Marqués de Santillana, por Berruguete, el de Góngora, por Velázquez y el de Lorca, por Gregorio Prieto.

EPISTOLARIO DE FEDERICO GARCIA LORCA

Empieza a hablarse mucho de las cartas de Federico, tanto ya como de sus dibujos. Dos libros se han publicado con éste motivo, uno de ellos en Barcelona en 1950 y otro en Madrid en 1968, y en los que, como es natural «no están todas las que son». Otras cartas, por separado, se han publicado en varios libros, entre ellos en algunos míos y en diferentes revistas, como en «Insula» entre otras. Muchas de sus cartas habrán desaparecido, unas porque los que las recibían, no le daban importancia entonces los mismos que no apreciaron tampoco sus dibujos, que rompían o tiraban sin el menor escrúpulo. Otras y éstas son las más curiosas y transcendentales, las que se guardan, aún o se han roto, y hecho desaparecer, quizás porque, los que las recibían, por un pudor especial, no crean conveniente darlas a la luz pública; en cambio, otras, quizás la mayoría, por extraviadas o perdidas temporal o difinitivamente, entre ellas, algunas mías de la adolescencia, y que espero, un día u otro aparecerán. Estoy seguro que muchas de ellas son guardadas cuidadosamente, de amigos suyos que en su día y oportunamente se publicarán, así como se han publicado las de Melchor Fernández Almagro y sobre todo, las de su gran amiga Emilia Llanos, cartas y dibujos de las que un amigo me decía: «No he tenido suerte con aquella señora, referente a los dibujos que querías en copia, para tu próxima edición de *dibujos de Lorca*. Ella le huye a la publicidad y prefiere conservar esa amistad como una cosa íntima. Me recordó que había hecho una excepción en recibirme y especialmente, al dejarme copiar los dibujos, y que fue con el entendido de que los usara sólo para decorar mi habitación en New York. Lo siento. Quizás tú tendrás más suerte con ella algún día»: en carta fechada en Granada un 8 de octubre de 1955. En esta carta me incluía dos fotos y decía: «Una de ellas es del escritorio de Federico y otra de la vista desde su terraza en San Vicente.» Otras cartas ¡ay! ¿que fin tendrán? O que fin habrán ya tenido. Yo se que algunas, un día u otro serán publicadas en su oportuno momento, pero ¿otras? Solo el misterio nos hace vivir. Solo el misterio. Repetía el Poeta.

«El Lorca de las cartas es humano, entrañable, excelente amigo, lírico, observador, sensibilidad rara y rica que vibra ante múltiples estimulantes. El Lorca de las cartas es, también, ese gran inquieto, curioso, versátil, inseguro que Lorca llevaba dentro y que le atormentaba. Las cartas de Guillén, de Diego, de Cernuda, también, ayudan a componer el retrato de sus autores. Pero las cartas de Lorca empujan a poner de pie delante de nosotros, otra vez al poeta. Lorca era lo que reflejan sus cartas».

Entre sus cientos de cartas, solo en alguna ocasión se nota, la antipatía o indiferencia, pero de tal manera, que habría de estarse muy enterado de ello, para darse cuenta, ya que su desagrado o tristeza apenas aparece esfumada, así, por ejemplo, ésta: «A ver si este año nos reunimos y dejas de considerarme como un «gitano», mito que no sabes lo mucho que me perjudica y lo «falso» que es su esencia, aunque no lo parezca en su forma.» Este trozo de carta iba dirigido a un escritor, que, Federico bien sabía, con el disimulo e hipocresía, con que solía atacarlo, directa o indirectamente.

Confirmando la queja de esta carta dirigida a ese amigo especial, solapado enemigo, en otra dirigida a su gran amigo Jorge Guillén, dice: «y desde luego no serán romances gitanos, me va molestando un poco *mi mito* de gitanería. Confunden mi vida y mi carácter. No quiero de ninguna manera. Los gitanos son un tema, y nada más. Yo podía ser lo mismo poeta de agujas de coser o de paisajes hidráulicos. Además, el gitanismo me da un tono de incultura, de falta de educación y de *poeta salvaje* que tu sabes bien no soy. No quiero que me encasillen. Siento que me van echando cadenas. No (como diría Eugenio d'Ors)».

Y ya que se habla de solapados amigos, uno de los más amigos míos de esta especie que sabe seguir mis pasos para recorrerlos después como cosa suya, está ese para mi desconocido que me cuentan, que al reproducir mis cartas siempre las clasifica entre signos interrogatorios. Esos periodistas venidos a propósito desde Italia para interviuvarme, creen concienzudamente, que yo guardo cartas dirigidas a mí transcendentales, que no quiero que se publiquen por eso mismo, cuando en realidad esto no es cierto, aunque si muchísimas cartas de mi adolescencia han desaparecido, esperando algún día puedan publicarse, para descanso interrogatorio de este interrogante amigo tan solapado, como invisible carcoma.

Carta un tanto borrosa, pero que aun confusamente puede leerse.
¿A quien va dirigida?

Yo no lo se y solo por ser de Federico se publica aquí en este libro
de la generación del 27.

¿Quién es esta persona que el padre de Federico dice «es simpatiquísimo, un hombre de gran talento, que sabe ir por la vida»… Misterio.

¿Y quién es ese «artista novel» que a Federico le gustaría darle
una sorpresa? Misterio otra vez, ¿Será, Dalí, Caballero, Prieto,
Angeles Ortiz o de la Serna? Misterio, siempre misterio y como el
misterio nos hace vivir no tenemos el por qué de quererlo aclarar.

He aquí el texto:

«... Yo quisiera que se reprodujera en algún sitio bien reproducido, no por mi *naturalmente* sino por él y su familia.

Si en el ABC pudiera reproducirse bien yo te enviaba la foto. Esto no es *compromiso* de ninguna manera. Si a ti te ocasiona la más leve molestia quiere decir que no se hace pero si es fácil de que salga *decentemente puesto* me gustaria dar esta sorpresa a un buen amigo mío *artista novel*. Esto en la más discreta reserva. Me sonrojo un poco de pedir que salga como foto mía en los papeles, pero te repito que se trata de otra persona, aunque sea yo el modelo. En esto me parezco a Melchorito que *coloca* poemas, dibujos y prosas de sus amigos y ha sido en cierto modo *lanzada* del pimiento picante de Maruja Mayo. Contéstame. Ponte bueno y requetebueno. Te abraza estrechamente tu amigo. Federico.

Muchísimos recuerdos de mi familia que dice eres simpatiquísimo "Es un hombre de gran talento que sabe ir por la vida", ha dicho mi padre...».

AUTOGRAFOS DE FEDERICO GARCIA LORCA

Por entonces, en esas fechas, el 21 de mayo del 1919, todavía Federico no era LORCA, sin embargo, ya tenía publicado su primer libro *Impresiones y Paisajes*. Y su firma en sentido grafológico no era tampoco el famoso FEDERICO GARCIA LORCA, era sólo firma de adolescente sin definición concreta.

Este símbolo adolescente servirá de guía a otros de esta misma edad, que no se sabe nunca, donde sus vidas serán flechadas, si al desastre, a la fama, a la muerte o a la coronación gloriosa de una obra bien hecha en ideal profundo.

Así, siguiendo adelante se llega lejos, con problemas o sin ellos. Las familias de entonces, no deseaban en el seno familiar ni poetas ni pintores, solo apreciaban lo que parecía conducir a un buen futuro, de porvenir brillante ingenieros, abogados, arquitectos y hombres de negocios. Y he aquí, que ha cambiado todo y los complejos son con- contrarios, el millonario y la aristocracia, acomplejados ya, de lámparas de cristales que brillan mucho, o caras alfombras persas, quisieran, también, en bien compensado estilo, pintorcitos y poetas, que den relieve asombroso y compensen de irritantes lujos.

Así los Federicos, hoy honrarían a familias, con intelectualidad y dinero, sabiduría y aprovechamiento.

Este no es nuestro Lorca, que nos lo han cambiado. Solo es Federico García, con una rúbrica de esas corrientes y faltas de personalidad. ¡Pero aún no se ha empezado la vida! Está escrita un 21 de mayo de 1919.

De esa firma a esta otra, hay un gran mundo de diferencia. Pero es muy curioso poder apreciarlo.

A mi amigo Juan Carino
Alba.

afectuosamente

Federico García

Impresiones y Paisajes

21 de Mayo.

Madrid 1919

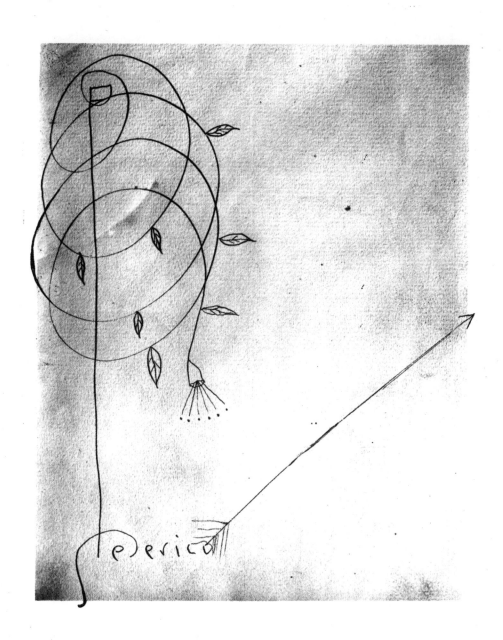

perico

Balada del pastor sin rebaño

Para Amancio del Río

En lo alto de aquel monte
hay un arbolito verde

Pastor que vas
Pastor que vienes

Olivares soñolientos
bajan al llano caliente

Pastor que vas
Pastor que vienes

Ni ovejas blancas ni perro,
ni cayado, ni amor tienes

Pastor que vas

Busca tu sombra en el alba
y olvida la vida verde.

Pastor que vienes

Federico García Lorca

NANA

Letra y música por
Federico García Lorca

Duérmete, niñito mío,
Que tu madre no está en casa
que se la llevó la Virgen
De compañera en casa

Querido

Melchorito

Federico García Lorca
1928.

Te escribí y no me has contestado.

Dos cruces santifican estas lorquianas lineas.

Aire para tu boca,
cuerpo, cuerpo, cuerpo, cuerpo, cuerpo
y nunca, nunca y nunca, nunca nunca, nunca,
y siempre y siempre, tierra, tierra, tierra.
MUERTE, ertemel,
muerte y muerte;
agua para tu amor,
fuego para tu ceniza,
muerte, muerte y muerte.
Tierra para tu alma,
muerte, muerte y muerte
y Cruz y en lo más Alto.

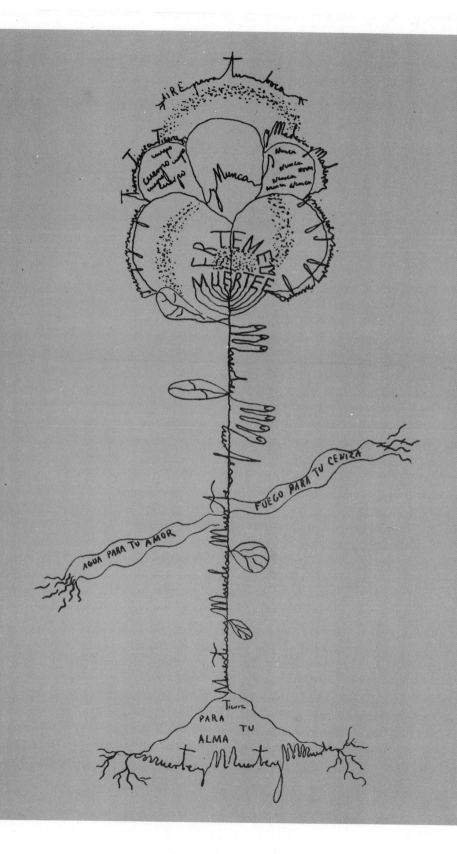

Tres cruces y un Ave María, con penitentes.

Una cruz: San Jorge. ¿Santo? ¿No santo? De todas maneras patrono de toda Inglaterra y de Cataluña unida. Santo popular y esclarecido.

Tres cruces.

Dos cruces.

Tres cruces normales y tres invertidas, que son seis.

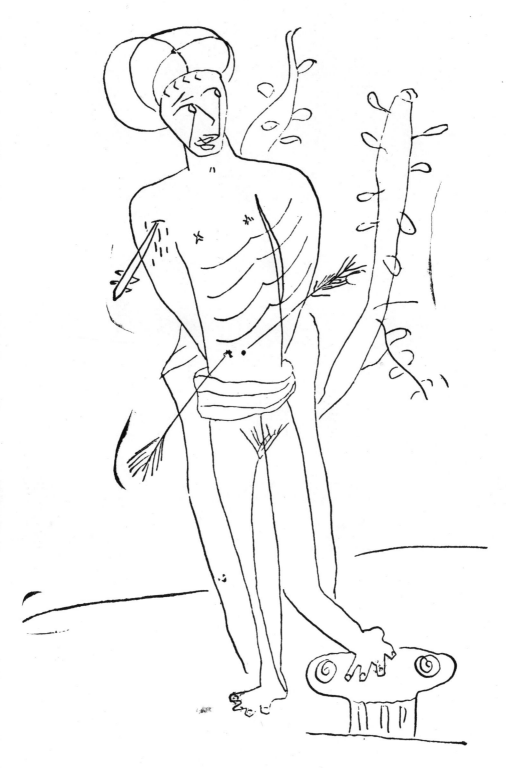

San Sebastián.

Arcángel San Rafael.

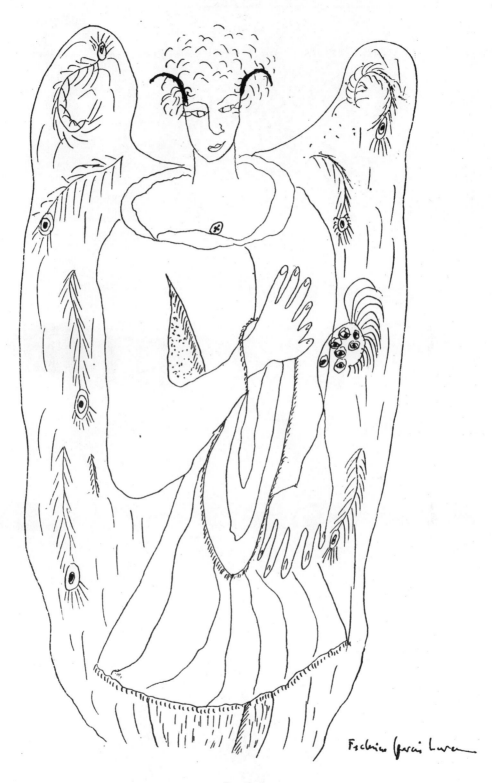

Luzbel.

San José, padre putativo del Niño Jesús, según la versión católica
lorquiana poetizada.

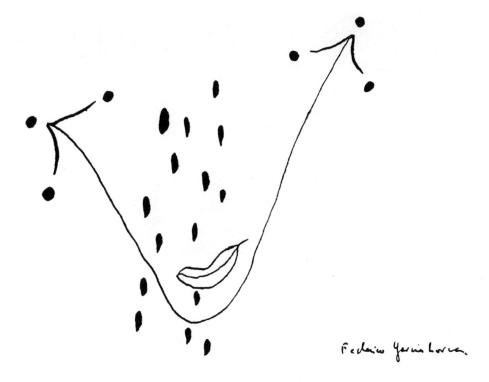

Lágrimas marineras lloran la muerte del poeta mientras que flechas lorquianas van conducidas al cielo besando ideales poéticos de eternidades.

Encabezando el llanto marinero y en nombre de todos ellos, en homenaje a Federico, llora junto a una Madonna ideal que podría ser su
madre.

Amor, amor, siempre amor, áncora de salvación y rosa de los vientos marineros.

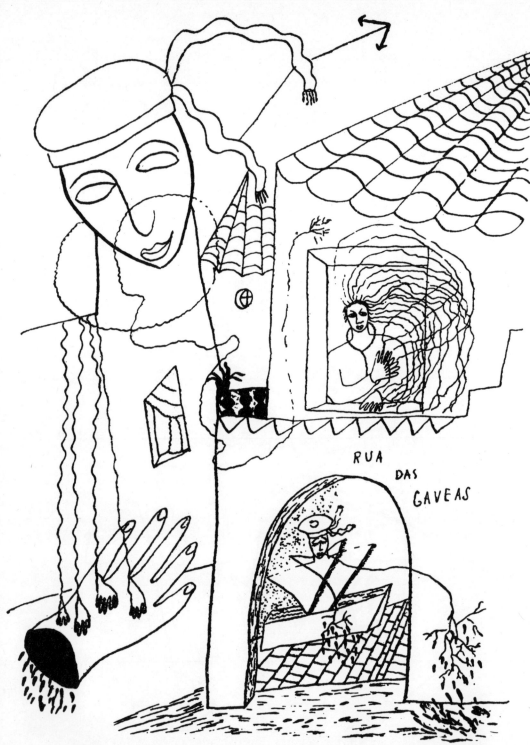

Multitud atrapadora que tarde o temprano será a su vez atrapada.
Tres marineros como tres gracias guardan la vista de la permanencia
con tejas, mares y ventanales exóticos. Barandillas de ramales brazos
al cielo claman la derramada sangre de la inocencia.
Manos sangrientas y tendederas, ¡y como no! cintas volanderas,
y la eterna flecha y la eterna cruz.

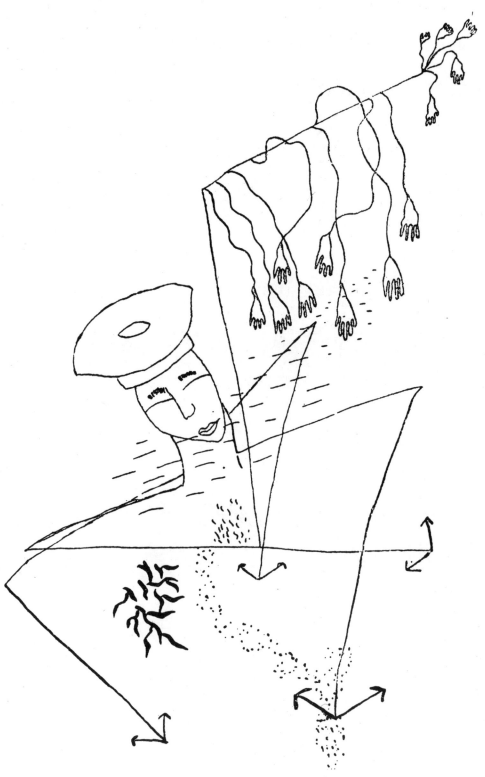

Flechas y manos, manos y flechas, en grupos de 17, sorteando mares
mágicos de eternas dichas ararhásticas.

Flor escapada de la corona floreal y entrevista. Ojo misterializando
así todo en Gloria celeste para el gran poeta.

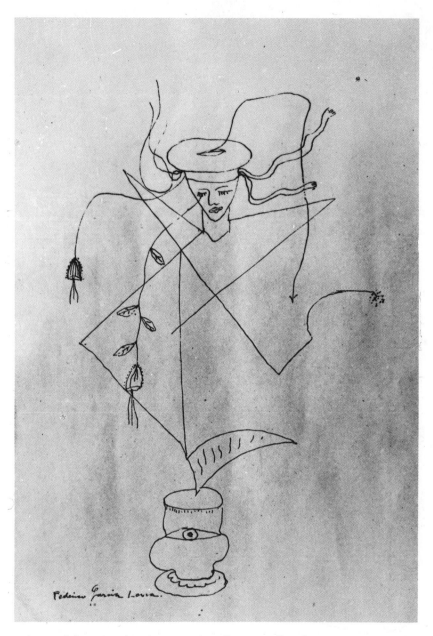

Apoteósico marinero que sintetiza un fin de escena aplaudida, con marinero, cintas flameantes y flecha; adormideras y tisanas del sueño, y sueños tranquilizantes: vigilantes.

Con guadaña de muerte entrar quiere y no puede en la pecera dibujística, con deseo de atrapar lo imposible. Nada menos y nada más que un ojo-pez que se escapará de la muerte, en alas con marinero, que lo convierte en Angel salvador protegiendo su vida.

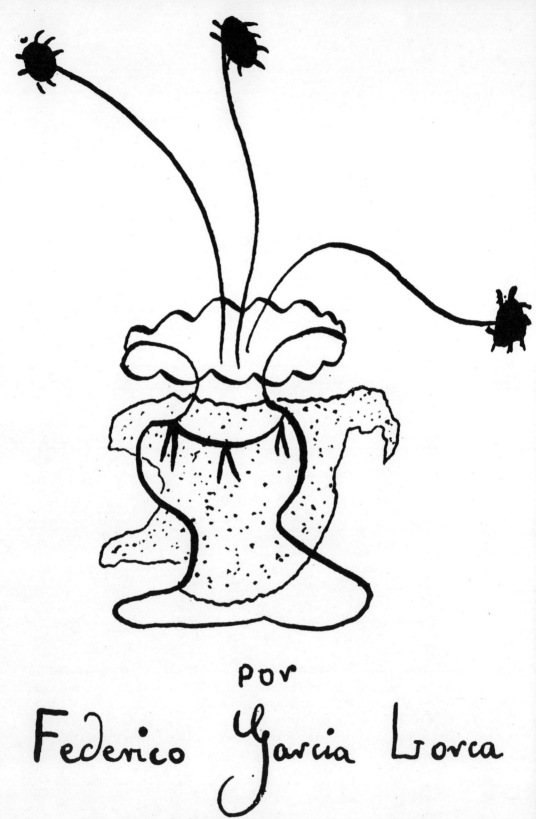

por

Federico Garcia Lorca

La pecera sin peces. Pecera que antes fue bombonera.

Peceras y más peceras con peces dentro y con otros que salir quieren de su prisión acuática, y que irremediablemente irán a parar al suicidio inconsciente por un exceso de querer libertad desorbitada.

Casi siempre son tres los peces unidos en un compañerismo absoluto.

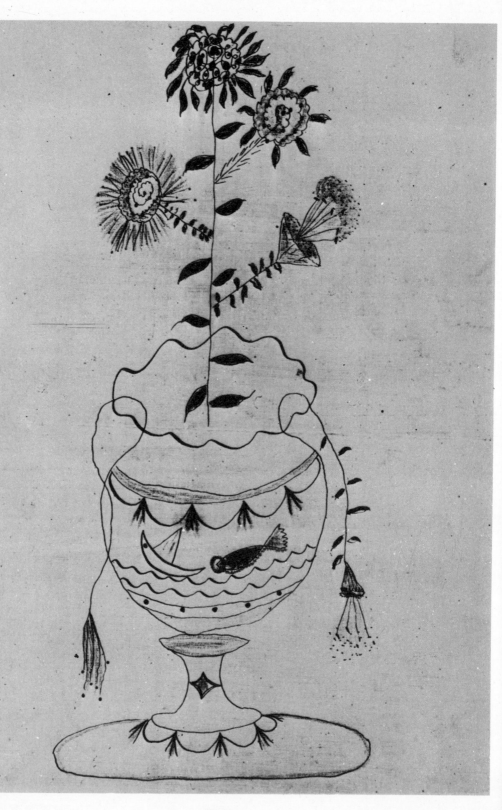

Pecera

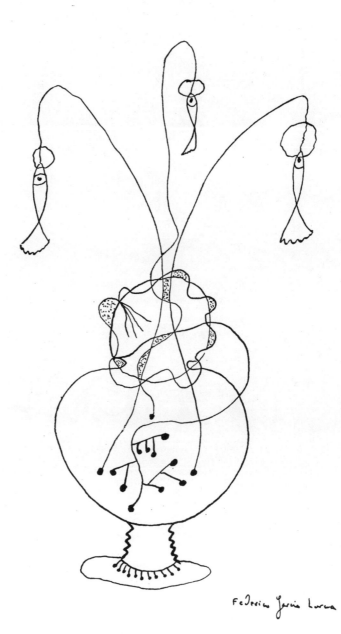

Peces y pecera

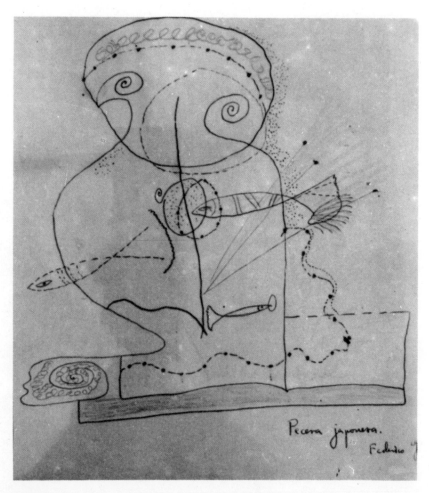

Tres eran tres, siempre son tres peces que van y vienen pasando, cautelosamente por cristales peceriles y escurridizos hasta límites libertinos.

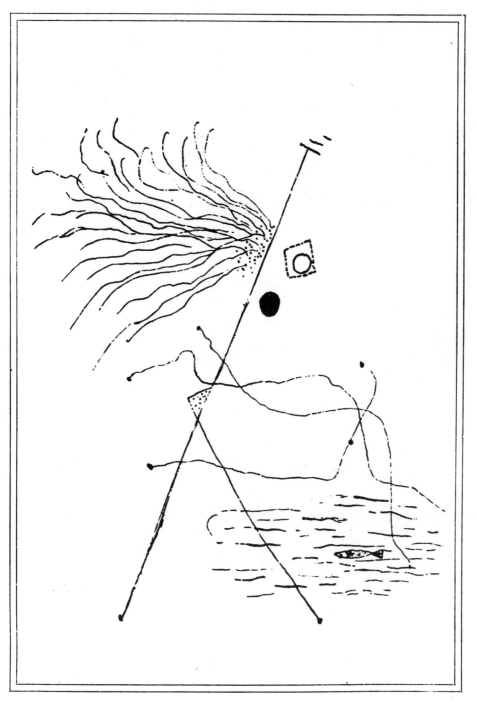

Siempre son tres, pero en este reducto de agua solo un pez escapa
hacia la libertad liberadora de la poesía, de la lorquiana genialidad.
El pez que se escapó de convencionalismos, politiqueos y tantos
plurisexualismos, y aquí se lo presenta con su eterna POESIA, alegre
nadadora, que corretea los espacios de la Eternidad dichosa.
Homenaje y siempre gloria para Federico García Lorca.

Quizá sea este el dibujo de Federico más lleno de misterio. Resulta difícil penetrar en el intrincado laberinto de estas líneas. Es una aventura descifradora que algún día pienso emprender.

Aunque, en realidad, no puede prentenderse traducir el misterio, como no puede razonarse el milagro. Uno y otro son formas impenetrables a la razón.

En este dibujo aparecen sus obsesiones: las crucecitas, las adormideras, el pez, las flechas... ¿Símbolos, de qué? ¿Hacia dónde se dirigen estas flechas? Como los dedos índice de Leonardo, señalan un lugar que sólo su autor puede ver.

A lo largo de estas páginas, trataré de descifrar algunos de estos secretos signos. De momento, meditemos ante este dibujo, empapándonos de su inquietante enigma.

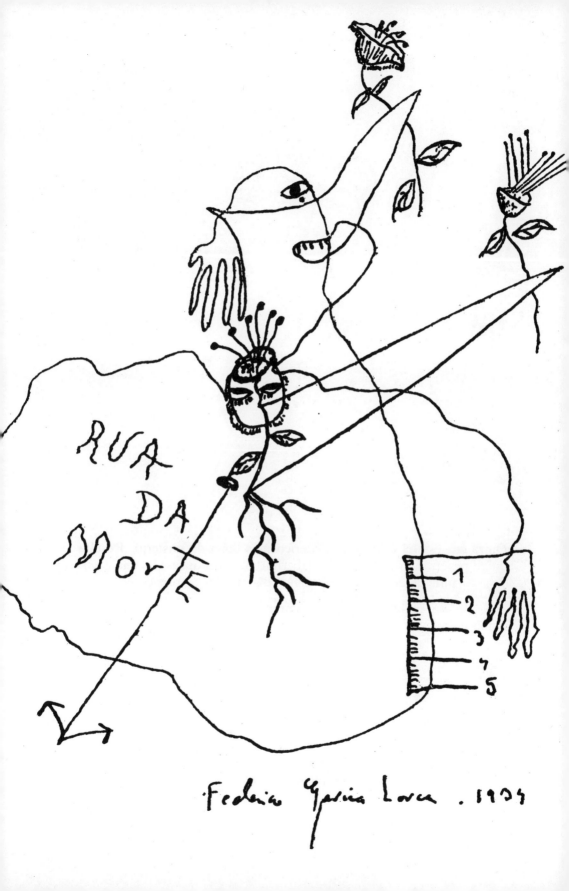

Doña Rosita la soltera, con su crucecita al cuello pacientemente espera al 1978 y convertirse en madre y dispuesta a hacer desaparecer la anticuada imagen de la solterona.
Dos pájaros la anuncian el niño a venir y convertirla en madre soltera.

EL ULTIMISIMO GARCIA LORCA
VISTO PERIODISTICAMENTE A LOS CUARENTA AÑOS DE SU MUERTE

Todo sin interviús, todo son festejos y homenajes a este poeta de la gran fama ya entrado en el mito y cuando se entra en lo mitológico ya sabemos que la eternidad es segura, ocurra lo que ocurra, pase lo que pase El mito es la flor rara y exótica que nace de una semilla de vida tan valiosa como llena de genialidad y misterio; y que así ya nada importa. Leonardo, Velázquez, Miltón, Teresa de Jesús, Shakespeare, Cervantes, Dama de Elche, Venus de Milo, Jesucristo, Góngora o Santa Isabel de España son genialidades abstractas que el mundo necesita de ellas como ejemplaridad creadora que es lo que importa de verdad y lo que queda, todo lo demás se va al carajo. Academias y oficialidad, millones y aristocracias convencionales vivientes en frivolidad, no esas de alturas inalcanzables que Dios crea y sostiene y da premio a los privilegiados seres así, podemos ver tranquilamente y con sencillez lo que contante y sonante se dice de una de las personalidades más brillantes de la generación del 27.

«IN», «CAMP». Sicodelismo, existencialismo y «POP», entre otras muchas actividades humanas. Quizás todavía no están en el Diccionario de la Lengua Española, por eso hay que ir inventando cada uno a su manera el como y porque de todas estas versiones transformadoras y pasajeras de nuestros días, ni más ni menos, que otras aunque no tan abundantes de épocas pasadas o remotísimas. Sabemos que ahora en nuestros días todo peca de exageración, y que somos muchos y que muchos estorban; y como somos tantos y todos tienen derecho a esa vida, por la que a pesar suyo han nacido, y naturalmente, si Dios no lo remedia cada día seremos más y más, hasta llegar, como ya estamos llegando o mejor dicho ya hemos llegado a esa gota de agua que ya no cabe en el vaso, y se derrama, suicidándose, en el precipicio infinito de lo inexistente, y caótico.

Tema interesante como jamás hemos visto, la admisión de todo y comprensión al mismo tiempo de todo; somos millones, y como tal millones de manera de pensar, se nos dan lisa y llanamente, lo que para unos es inmoral, para otros es moral pura.

Unas veces, queriendo retroceder, ganar en lo existencial del porvenir, viendo lo pasado, con un nuevo perfil, que pretende ser moderno «CAMP». Otras veces queriendo como en el magnífico caso de la nueva versión de *Yerma* de Lorca, dar nuevo sentido sin precedentes, a algo, que ya no es problema de nuestros días, eso de tener o no tener hijos, que de no salvarse por la literatura y la nueva forma de interpretarla, trayéndola al instante presente, carecería de interés. Convirtiendo así una vocación un tanto anticuada, de asunto de enervamiento romántico, en otro revolucionario de nueva sexualidad de nuestros días un tanto abstracta e inconsistente en el realismo, para llevarlo a un subconsciente del alma humana haciendo un «Haer» excitamiento del alma, sin realidad corporal, como ya nos lo hizo ver claro en *La casa de Bernarda Alba*, donde todas son mujeres y solo el espíritu carnal abstracto de un hombre vuela (clavado) en el alma de esos castos y virginales seres lorquianos.

LA DAMA DE ELCHE, por Federico García Lorca.

Aureoladora cruz de la martirizada víctima. SAN ARAR-HASTA.
Santo intelectual con su cruz y martirio a cuestas.

Fedenis García Lorca.

1737.

Desdoblamiento amoroso de narcisismo ideal y de muy veintisielesco clima, donde sólo quedó lo que sólo tenía que quedar: la creación eterna de artes y ciencias y hasta de proteccionismo muy también de la generación del 27, donde no queda más que individualismos geniales abriendo puertas a futuras generaciones.

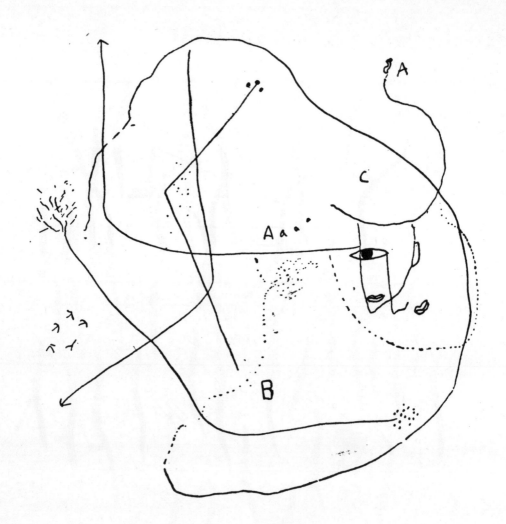

Nostalgia. Federico García Lorca. 1927

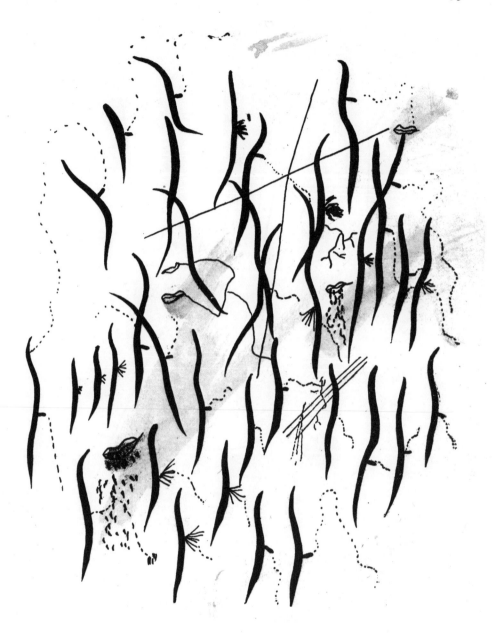

Bocas chupadoras y miembros de femeninas sospechas se divierten y afanan en púdicos juegos eróticos, putrefactos y prehistóricos de la cueva de ALPERA, primer Museo Prehistórico en el que aparece la figura humana en pleno destape.

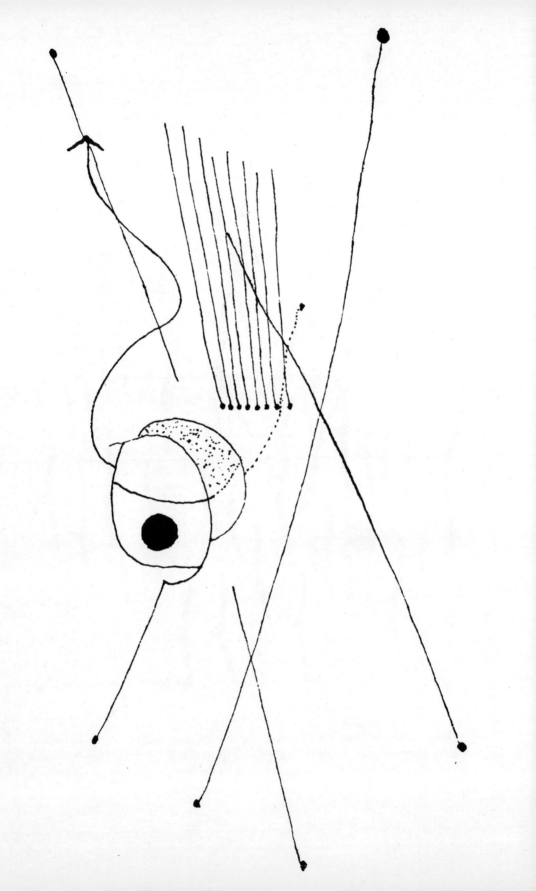

Bodegón con figura.

Almohadones bordados por sus primas, copiados de estos dibujos
originales del propio Federico.

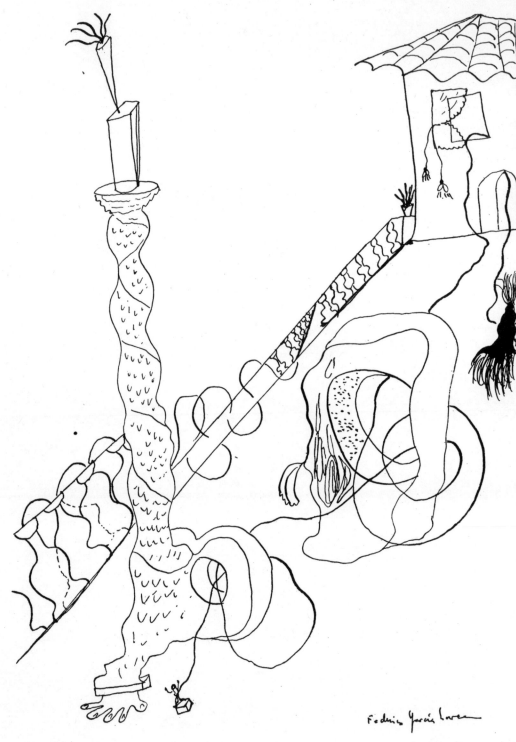

Sueño de un drogadicto tranquilizante, tisánico y ararhástico, andador
y mujeriego heterosexualizado.

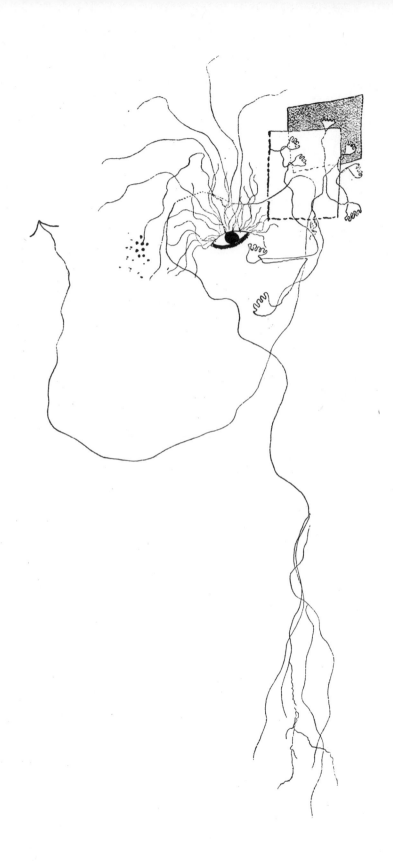

¿Sangre y flechas amorosas o martirizadoras dirigidas a San Sebastián?

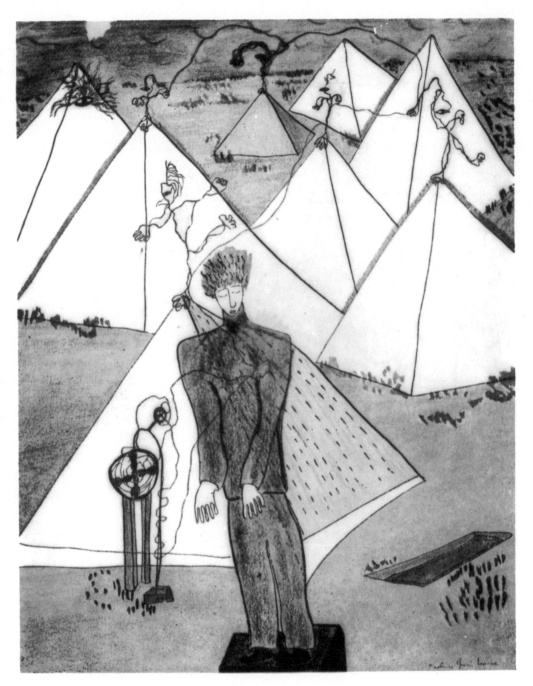

Máquina de los martirios humanos y terrenales con sus tiendas de campaña proporcionando cobijo a tanta sangre inútilmente derramada. Dando en el corazón, el supremo brochazo de lo desaparecido luego en enfermedades del corazón llamadas técnicamente miocardias.
De la tierra naciste y a la tierra volveras, pese a quien pese.

Federico García Lorca, oleo por Gregorio Prieto

Gregorio Prieto, Juan Ramirez de Lucas, señora de López Ibor y
Piluca Sangro. Retrato de Lorca, con palomas, por Gregorio Prieto,
hoy desaparecido.

Retrato de Federico García Lorca con palomas. ¿Extraviado, perdido, robado? Se ruega a quien lo encuentre dé noticia de ello. Algunas pistas para encontrarlo. Se incluye en el libro *Lorca en color*, publicado por la Editora Nacional. Figuró en la exposición de la Embajada Americana. Publicado, también, en un periódico al lado del escultor Clará, Ramírez de Lucas, Piluca Sangro y la esposa del médico psiquiatra López Ibor. Se expuso también en Barcelona. Figuró. así mismo, en «Iolas Galeria», de Nueva York; y anduvo por la Oficina de Turismo.

JORGE GUILLEN

Jorge Guillén es otro de los escritores que con Dámaso Alonso, José Bergamín y Ernesto Giménez Caballero no han cambiado físicamente en medio siglo. Yo diría que hasta en lo espiritual son los mismos de entonces, ya que tan pausada y lentamente han evolucionado que el cambio que se percibe contrasta con otros de su generación que tuvieron una radiante juventud y luego el tiempo y los contratiempos les hace ahora irreconocibles. A Lorca su destino no le dió tiempo a envejecer. Federico sigue vivo en su fama que le proporcionará una vida eterna, integrándose en sus posteriores generaciones. Por eso los retratos de Lorca que me fue posible hacerle, constituirán otras tantas estampas de aquellos otros privilegiados que no tuvieron vejez y accedierón a la eternidad como Rafael Sancio de Urbino.

Solo cuatro veces coincidí con Jorge Guillén, este poeta de tan musical ritmo y brillante claridad como resplandece la alegría del agua al aire libre. Guillén al que en su juventud madura de siempre le ha correspondido «la poética lotería del verso»: ¡cinco millones!, inmarcesible golosina para los futuros juveniles poetas que nunca alcanzarán el premio social ni económico, y a los que solo se les otorgará el legítimo laurel inherente a su fuerza creativa. Para algunos de los poetas del 27 sillones académicos; y para todos, en alguna manera, el galardón económico otorgado a los de su generación.

Era difícil entrevistarse con Jorge Guillén, pues siempre se encontraba ligeramente enfermo hasta el punto de que había de aceptarse humorísticamente estos contratiempos intermitentes, de alta frecuencia ocasional. A toda prisa, casi por sorpresa, se concertó nuestra cita para un esquemático retrato con destino a ser publicado en la *Estafeta Literaria* (a petición de Jiménez Caballero, su director), y en el alojamiento que el poeta disfrutaba en la Residencia de Estudiantes. Con su veloz acicate de siempre, Jiménez Caballero exigía que figurara el retrato de Guillén en el número paralizado en la imprenta en espera de mi original dibujístico, llevado a cabo durante breves minutos, con la perturbadora música de fondo de las continuas y apremiantes llamadas telefónicas de Ernesto Jiménez Caballero: «que venga pronto», «acábalo ya, sea como sea». Y en estas condiciones acuciantes pudo acabarse la tarea, sin tiempo para juzgarla. Y resultó, por un esnobismo especial, que a muchos les ha interesado más éste que otros retratos de los *Once poetas* de mi pequeño libro.

Jorge Guillén en la residencia de estudiantes.

LENGUAJE DE POEMA; UNA GENERACION

Por Jorge Guillén

I

Algunos amigos han solicitado de este conferenciante algunas declaraciones autocríticas más o menos relacionadas con el asunto considerado en esta serie de conferencias. ¿Sería discreto complacer a tan buenos amigos? No sería discreto. Tales situaciones —embarazosas— pueden resolverse mediante una conciliación. Para evitar el yo protagonista, «le moi haissable», hablemos de «nosotros»: el grupo de poetas que, con los rasgos de una generación, vivió y escribió en España entre 1920 y 1936. Es la generación de Federico García Lorca, su representante más célebre. Picasso y Lorca, sumos andaluces modernos con Falla, Antonio Machado y Juan Ramón Jiménez, son los dos españoles contemporáneos más visibles en el horizonte de la historia occidental. Son ellos sin duda los más geniales. Picasso encontró en París el ambiente y el mercado que necesitaba su pintura. Lorca no tuvo que emigrar. En la España de su tiempo florecía la literatura con esplendor, y entre sus coetáneos había figuras de primer orden.

Este primer tercio del siglo XX, fecundo en grandes prosistas, ha sido también muy rico en poetas. Tras los mayores —Unamuno, Antonio Machado, Juan Ramón Jiménez, muy presentes a la vez que Gabriel Miró y Ramón Gómez de la Serna— surgen varios líricos que muy pronto forman un conjunto homogéneo. Homogéneo, sí, el conjunto, pero constituido por personalidades muy distintas. La idea de generación estaba ya en el aire. Entonces apareció, y aquí reaparece ahora como una realidad conocida empíricamente, y de ningún modo por inducción a posteriori. Raras veces se habrá manifestado una armonía histórica con tanta evidencia como durante el decenio del 20 entre los gustos y propósitos de aquellos jóvenes, cuya vida intelectual se centraba en Madrid. Nadie obedecía, claro, al sistema lógicamente establecido, y por eso fatal, de algunos filósofos que registran sobre un papel la marcha de las generaciones a pasos e intervalos rigurosamente simétricos. Es paradójico que este determinado malgré lui se proclame al amparo de la noción de vida, de existencia. Aquí se trata sólo de un saber experimental, de historia vivida, no

estudiada. Hacia 1925 se hallaban más o menos relacionados ciertos poetas
españoles. Si una generación agrupa a hombres nacidos durante un período
de quince años, esta generación tendría su fecha capital en 1898: entonces
nacen Federico García Lorca, Dámaso Alonso, Vicente Aleixandre. Mayores
eran Pedro Salinas, Jorge Guillén, Gerardo Diego: del 91, del 93, del 96. Un
año más joven que Lorca es Emilio Prados, del 99. A este siglo pertenecen
Luis Cernuda, de 1902, Rafael Alberti, del año 3, y el benjamín Manuel Altolaguirre, del año 5. De Salinas a Altolaguirre se extienden los tres lutros de
rigor —de rigor teórico. Sería superfluo añadir más fechas. También cumplen
con su deber cronológico Antonio Espina, Pedro Garfias, Adriano del Valle,
Juan Larrea, Juan Chabás, Juan José Domenchina, José María Hinojosa,
José María Quiroga, los de la revista *Meseta* de Valladolid, los de *Mediodía*
de Sevilla, Miguel Pizarro, Miguel Valdivieso, Antonio Oliver...

Esta enumeración es injustamente incompleta, y sólo se cita ahora a los
líricos en verso, y no a quienes lo son en narraciones y ensayos. «Literatura»
viene a significar entonces «lirismo». La mayoría de estos poetas es andaluza.
Castilla y Andalucía han sido las principales fuentes de la poesía española. En
el pasado, Castilla sobre todo; en el presente, y con gran preponderancia,
Andalucía. Todos, castellanos y andaluces, resultan sin habérselo propuesto
muy contemporáneos de sus contemporáneos en Europa, en América. Aquellos líricos se sienten a tono con la atmósfera general de los años 20, aunque
posean acentos que sólo responden a una tradición española.

Ya ha sido señalada esa primordial característica. Una generación tan
«innovadora» no necesitó negar a los antepasados remotos o próximos para
afirmarse. «Lo primero que hay que notar —dice Dámaso Alonso, actor y
cronista— es que esa generación no se alza contra nada.» Todo lo contrario:
sus raíces se ahincan en un preterito más y más profundo. Ya los escritores
del 98 habían renovado el interés por algunas obras y algunos autores que
ellos creían «primitivos»: el *Poema del Cid*, Gonzalo de Berceo, el Arcipreste
de Hita. Ahora se airea todo el siglo de Oro lírico, y no solamente a Góngora.
Entre Garcilaso y Quevedo reaparecen los admirables segundones: Figueroa,
Aldana, Medina Medinilla, Medrano, Espinosa, Villamediana, Soto de Rojas...
Y si se vindica el gran don Luis, cordobés, se da valor actual a Gil Vicente,
a fray Luis de León, a San Juan de la Cruz, a Lope, a Quevedo. Estos actos de
buena memoria no implican sobre todo discriminación de erudito, aunque
no sean ajenos a los deleites de la erudición tales poetas, hasta los que no son
profesores. (Lo son Pedro Salinas, Jorge Guillén, Gerardo Diego, Dámaso
Alonso.) Pero también Lorca escribe sobre Góngora, y es él quien pone al
granadino Soto de Rojas ante nuestros ojos. ¿Y quién con más capacidad de
asimilación y más reminiscencias de cultura que el nada universitario Rafael
Alberti? Tantos retornos a la poesía antigua son obra de poetas en cuanto
poetas. Y como todos ellos propugnan la expresión más rigurosa, los antiguos
y modernos textos son admirados si favorecen la autenticidad de la poesía.
Por eso también se defiende y se estudia a Bécquer, exento de complicaciones
formales y tan puro fenómeno inspirado. En lugar aparte se coloca a Juan

Ramón Jiménez —aunque Antonio Machado ocupe el mismo nivel de eminencia— porque Juan Ramón es gran ejemplo de fervorosa voluntad literaria. Por último, los más leídos y amados poetas extranjeros son los franceses, desde Baudelaire hasta los superrealistas.

II

Por tantas vías y sin restricciones dogmáticas de escuela —no hay escuela ni dogma— aquellos muchachos buscan una poesía que sea al mismo tiempo arte en todo su rigor de arte y creación en todo su genuino empuje. Arte de la poesía y, por lo tanto, ninguna simple efusión —ni al modo del siglo pasado ni con violencia de informe chorro subconsciente. No hay chalatanería más vana que la del subconsciente abandonado a su trivialidad. En España nunca se contentó nadie con el «documento» superrealista. Arte de la poesía, pero ningún huero formalismo. Claro que el semiignorante de hoy llama —con porte de fiscal— formalismo a la plenitud de una forma bien trabajada, es decir, cuidadosamente ajustada a su contenido. Son muy variados y muy numerosos los metros, las estrofas, las modulaciones, los ritmos que entonces se emplean. Forzoso es apelar al término de maestría. Algunos los sustituyen por el de virtuosismo. En «virtuosismo» hay «virtud», pero mordida, rebajada. Sin embargo, «virtud» resiste bajo la denuncia. Aquella maestría fue lograda en algunas ocasiones con precoz rapidez. Así, Rafael Alberti, casi, casi maestro de nacimiento. No podría oponerse el dominio de algunos a la espontaneidad de otros, porque esos otros —Lorca, por ejemplo— eran tan «sabios» como sus compañeros profesores. Poesía como arte de la poesía: forma de una encarnación. Podríamos escribir esta palabra con mayúscula: misterio de la Ención. El espíritu llega a ser forma encarnada misteriosamente, con algo irreductible al intelecto en estas bodas que funden idea y música.

Idea es aquí signo de realidad en estado de sentimiento. La realidad está representada, pero no descrita según un *parecido* inmediato. Realidad, no realismo. Y el sentimiento, sin el cual no hay poesía, no ha menester de gesticulación. Sentimiento, no sentimentalismo, que fue condenado entonces como la peor de las obscenidades. Esta mesura en la manifestación de las emociones guarda su vehemencia, más aún, redobla su intensidad. Pero hay oídos sordos para quienes tales armonías confunden casi con el silencio. De ahí que algunos de estos poetas fuesen juzgados fríos, aunque se consagran a declarar su entusiasmo por el mundo, su adhesión a la vida, su amor al amor. El cambio en los medios expresivos no permite ver a ciertos lectores —que terminarán, después de años de aprendizaje, por entender y sentir un cálido poema erótico como tal poema erótico. Esos lectores añadían al reproche de la frialdad el de la abstracción. ¡Eran tan intelectuales estos poetas! En efecto, muchas abstracciones se entrelazaban con los componentes más plásticos en algunos de aquellos poemas. Esto ha ocurrido siempre, y no hay lenguaje sin combinación de lo intelectual con lo concreto. De todos modos, jamás soñó nadie con una

poesía de la pura inteligencia. Tenía razón Antonio Machado en sostener que
«el intelecto no canta». Los poetas incriminados no pretendieron nunca pres-
cindir del manantial en que nace la lírica eliminando el corazón. El gran don
Antonio, justo de pensamiento, disparaba sin dar en ningún blanco. Aquellos
poetas no se habían «saltado» nada, nada esencial: eran poetas. (Por otra
parte, Machado se acercaba al borde de la lírica en aquellos aforismos versifi-
cados, tan próximos a las diertaciones del profesor Juan de Mairena.)

En suma, los poetas de los años 20 eran, sino fríos y sólo abstractos, por
lo menos difíciles, herméticos, oscuros. Difíciles. sí, como muchos otros
poetas, ¿Herméticos? Esta palabra, con la que se suele designar a sus contemporáneos italianos, no prevaleció en España. ¿Oscuros? Es término án-
ticuado. A la larga fue disipándose casi toda la oscuridad, más tolerada en
los autores de gran delirio con discurso muy libre —como Vicente Aleixandre— que en los de composición más lógicamente apretada como Jorge
Guillén. Sería imposible, además, dividir a estos poetas en dos grupos: los
fáciles y los arduos. (División que disgustaba a Lorca.) Verdad es que *Poeta
en Nueva York* no parece más sencillo que *La voz a ti debida* o *Cántico*. El lenguaje que presume de ser muy racional —el de la política *verbi gratia*— ¿no
encierra ya un semillero de confusiones? Será más fértil en confusiones el lenguaje de quien acude, refiriéndose a su vida más profunda, a la ambigüedad
de las imágenes. Aquellos poetas hablaban por imágenes. Y en este punto
—la prepotencia metafórica— se reúnen todos los hilos. El nombre americano
de *imagists* podría aplicarse a cuantos escritores de alguna imaginación es-
cribían acá o allá por los años 20. Góngora, Rimbaud, Mallarmé y más tarde
otras figuras —de Hopkins a Eluard— son estímulos que conducen a refinar
y multiplicar las imágenes. De ese modo, como se dice en el *Romancero gitano*,
«la imaginación se quema». Este cultivo de la imagen es el más común entre
los muy diversos caracteres que juntan y separan a los poetas de aquellos años,
y no sólo a los españoles. *Imagen* se denomina una obra temprana de Gerardo
Diego. El cultivo se convierte en un culto supersticioso. Los más extremos
reducen la poesía a una secuencia de imágenes entre las que se han suprimido
las transiciones del discurso. No quedan más que frases sueltas, última con-
densación de la actividad literaria. Cualquier enlace en función lógica y gra-
matical es sospechoso de inercia poética. Las imágenes mismas tampoco se
someten a relaciones observadas. Superviviente a pesar de todo, la realidad no
será reduplicada en copias sino recreada de manera librérrima. Esa libertad
expresará más el mundo interior del hombre —«el subconsciente» se le llamaba a menudo— que las realidades según las categorías de la razón. Por
supuesto, los grados de equivalencia entre lo real y lo imaginativo varían
mucho. Ciertos escritores quieren alzarse a una segunda realidad, independiente de la primera realidad común: autonomía de la imagen.

III

El poeta siente en su plenitud etimológica el vocablo «poesía». (Pero esta
«creación» será, quiéralo o no, segunda respecto a la del primer creador del

Génesis. Todos los poetas son «poètes du dimanche», del domingo que sigue al sábado en que descansó Jehová.) Hay que recoger, para evocar la atmósfera de aquellos años, esta voluntad de poesía como creación, de poema como quintaesenciado mundo. Grave o alegremente, la obras de aquel tiempo apuntan a una meta esencial, y con todo excepto el deporte sin trascendencia que algunos comentaristas vieron en aquella pululación de imágenes. Nada más serio, además, que jugar en serio, y es indudable que en 1925, en 1930, en 1935 se jugó a la mejor poesía asequible con toda ingenuidad. Aquellos poetas no se creían obligados a ejercer ningún sacerdocio, y ninguna pompa religiosa, política, social acartonaba sus gestos. Gestos de espectáculo no había. Sí había propósito de rigurosa poesía como creación. ¿Y si el poema fuese todo él poético? Esta ambición flotaba difusa en la brisa de aquellas horas. Era preciso identificar lo más posible poesía y poema. Sería falso imaginarse una doctrina organizada. Abundaban, eso sí, las conversaciones —y los monólogos— sobre los aspectos generales de aquel menester o mester. «Ismos» no hubo más que dos, después del ultraísmo preliminar: El creacionismo, cuyo Alá era Vicente Huidobro, eminente poeta de Chile, y cuyos Mahomas eran Juan Larrea y Gerardo Diego, y el superrealismo, que no llegó a cuajar en capilla, y fue más bien una invitación a la libertad de las imaginaciones. Por unos o por otros caminos se aspiró al poema que fuese palabra por palabra, imagen a imagen, intensamente poético.

¿Poesía pura? Aquella idea platónica no admitía realización en cuerpo concreto. Entre nosotros nadie soñó con tal pureza, nadie la deseó, ni siquiera el autor de *Cántico*, libro que negativamente se define como un anti-*Charmes*. Valéry, leído y releído con gran devoción por el poeta castellano, era un modelo de ejemplar altura en el asunto y de ejemplar rigor en el estilo a la luz de una conciencia poética. Acorde al linaje de Poe, Valéry no creía o creía apenas en la inspiración —con la que siempre contaban estos poetas españoles: *musa* para unos, *ángel* para otros, *duende* para Lorca. Esos nombres diurnos o nocturnos, casi celestes o casi infernales, designaban para Lorca el poder que actúa en los poetas sin necesidad de trance místico. Poder ajeno a la razón y a la voluntad, proveedor de esos profundos elementos imprevistos que son la gracia del poema. Gracia, encanto, hechizo, el no sé qué y no «charme» fabricado. A Valéry le gustaba con placer un poco perverso discurrir sobre «la fabricación de la poesía». Esas palabras habrían sonado en los oídos de aquellos españoles como lo que son: como una blasfemia. «Crear», término del orgullo, «componer», sobrio término profesional, no implican fabricación. Valéry fue ante todo un poeta inspirado. Quien lo es tiene siempre cosas que decir. T. S. Eliot, gran crítico ya en los años 20, lo ha dilucidado más tarde con su habitual sensatez: «Poets have other interest beside poetry —otherwise their poetry would be very empty: they are poets because their dominant interest has been in turning their experience and their thought... into poetry.» El formalismo hueco o casi hueco en un monstruo inventado por el lector incompetente o sólo se aplica a escritores incompetentes.

Si hay poesía, tendrá que ser humana. ¿Y cómo podría no serlo? Poesía

inhumana o sobrehumana quizás ha existido. Pero un poema «deshumano»
constituye una imposibilidad física y metafísica, y la fórmula «deshumanización del arte», acuñada por nuestro gran pensador Ortega y Gasset, sonó
equívoca. «Deshumanización» es concepto inadmisible, y los poetas de los
años 20 podrían haberse querellado ante los Tribunales de Justicia a causa
de los daños y perjuicios que el uso y abuso de aquel novedoso vocablo les
infirió como supuesta clave para interpretar aquella poesía. Clave o llave
que no abría ninguna obra. Habiendo analizado y reflejado nuestro tiempo
con tanta profundidad, no convenció esta vez Ortega, y eso que se hallaba tan
sumergido en aquel ambiente de artes, letras, filosofías. No ha de olvidarse
—porque en el olvido habría ingratitud— la ayuda generosa que Ortega
prestó a los jóvenes desde su *Revista de Occidente*. En una de sus colecciones
—*Nova Novorum*— fueron publicados cuatro libros: *Romancero gitano*,
Cántico, *Seguro azar*, *Cal y canto*. Es placentero —y melancólico— recordar
aquellos años en que la *Revista de Occidente*, según nuestro amigo Henri
Peyre, formaba con *La Nouvelle Revue Française* y *The Criterion* la suma
trinidad de revistas europeas. ¡Y precisamente fue el gran Ortega quien forjó
aquella palabra! No era justa ni referida a las construcciones abstractas del
cubismo. ¿Quién sino hombres con muchos refinamientos humanos —Juan
Gris, Picasso, Braque— pintaban aquellas naturaleza muertas nada muertas?
Se concibe, sí, una pintura no figurativa. Pero la palabra es signo y comunicación: signo de una idea, comunicación de un estado —como repite Vicente
Aleixandre. Otra cosa habría sido hablar de antisentimentalismo, de anti-
rrealismo.

IV

Los grandes asuntos del hombre —amor, universo, destino, muerte—
llenan las obras líricas y dramáticas de esta generación. (Sólo un gran tema
no abunda: el religioso.) Cierto que los materiales brutos se presentan recreados
en creación, trasformados en forma, encarnados en carne verbal. Cierto que
esa metamorfosis evita la grandilocuencia y se complace en la sobriedad y en
la mesura. El idioma español posee el vocablo «efectismo». Pues el efectismo
es lo que se prohíben estos poetas. Efectista no fue la generación en que des-
collaba un poeta trágico, el único grande entre nosotros después de Calderón.
El «duende» de Lorca nada tenía que ver con la insistencia gesticulante. A
pesar de todo, algunos jóvenes españoles de hoy —¡y con qué nostalgia se dice
aquí «jóvenes»!— caen en la ingenuidad de creer que ellos han descubierto la
la poesía humana. Valga ahora la exclamación popular. ¡Santa Lucía proteja
su perspicacia! Ahí está la poesía de aquel decenio; léase o reléase con la actual perspectiva, y se verá si «deshumanización» o «asepsia» sirven para en-
tander aquellas páginas. Verdad es que «asepsia» vagaba en el aire más vago
de entonces. Pero pertenecía al léxico superficial, y ninguna presión ejercía
durante la etapa creadora.

Aquí no se pretende reanimar sino ese aire común que respiran algunos amigos hasta en sus soledades, y no sólo en cafés, en tertulias. No hay programa, no hay manifiesto con agresión y defensa. Hay diálogos, cartas, comidas, paseos, amistad bajo la luz de Madrid, ciudad deliciosísima, aún Corte con augurio de República, donde tanto ingenio se despilfarra y tantas horas pierden —o parecen perder— aquellos laboriosos intelectuales y artistas que trabajan por la cultura de su país. Cultura con sentido liberal. Estos poetas, procedentes de una burguesía nada ociosa, si no actúan como militantes en política, no la desconocen, orientados hacia una futura España más abierta. Algunos, torpes, han llamado «geración de la Dictadura» a la de Salinas y sus amigos, cuando ninguno de ellos participó de ningún modo en el régimen de Primo de Rivera, tan anticuadamente dictatorial que no obligó a concesiones en el comportamiento ni en los escritos de esa generación. Escritores de dictadura surgen más tarde. Entre el 20 y el 36 había tiempo libre: libre para que se cumpliese cada destino individual.

Aquellos poetas, muy bien avenidos, eran muy diferentes. Cada uno tenía su voz. Antonio Machado se paraba a distinguir las voces de los ecos. Allí no sonaban más que voces propias, y así lo reconoció el gran don Antonio, que respetaba a estos poetas, aunque tal vez no viese claras algunas de sus obras. Poetas afortunados: en seguida fueron acogidos. A esta rapidez en el acogimiento, debida a sabe Dios cuántas circunstancias, contribuyó la definición tan evidente de cada figura. Hostilidad de público —un público poco extenso— no había. Eran poetas de los llamados «de vanguardia»: otra palabreja de aquel tiempo. Aquella metáfora militar no convenía a quienes no luchaban con nadie en ningún frente. Tampoco se proponían una meta detonante. La meta, difícil siempre, era esa expresión justa que corresponde a eso que se está queriendo manifestar. Y así, buscando su nota genuina, resultaron modernos, acordes a su época. Nunca falta lector o espectador que sospeche malicia, truco, insinceridad, ansia de fama en pintores o escritores de veras nuevos —sin advertir que están jugándose la vida a cada pincelada, a cada rasgo.

V

¿Cómo se expresa esta generación, cuál es su palabra? ¿Es imposible reducir a unidad el lenguaje —o los lenguajes— de escritores tan diversos? Joaquín González Muela ha intentado formular esos estilos en exacta síntesis. ¿Qué tienen de análogo Salinas y Altolaguirre, Prados y Cernuda? Alrededor de una mesa fraternizan, se comprenden, hablan el mismo idioma: el de su generación. A la hora de la verdad, frente a la página blanca, cada uno va a revelarse con pluma distinta. Esta pluma se mueve desde los artificios de la métrica tradicional hasta las irregularidades del versículo. No se ha roto con la tradición, y las novedades de Rubén Darío y de sus continuadores van a ser ampliadas por esos poetas que, si ponen sordina en las innovaciones, no se circunscriben a las formas empleadas por los maestros remotos o inmediatos.

La ruptura con el pasado fue mucho mayor en las generaciones contemporáneas de otros países. A la herencia española no se renunció, y esta herencia no coartó el espíritu original. ¿Qué poeta de entonces, francés, italiano, sobre todo italiano, se habría atrevido a escribir sin ruborizarse un soneto? Para aquellos españoles, el soneto podía ser escrito en un acto de libertad, conforme a su «real gana» poética. Hasta un Salinas, un Aleixandre compusieron algún soneto, y no por capricho de «virtuoso»: así convenía a su impulso creador. Por eso es tan rico el repertorio formal de esta generación, que rehuyó el voto de pobreza exigido por la modernidad a muchos de sus secuaces. Hay una censura que jamás se ha dirigido a estos poetas: que escriban mal. Sí se les ha reprochado que escriben demasiado bien. Esta objeción es, en realidad, un elogio —acompañado de zancadilla. En suma, ni en el caso de Lorca la genialidad autorizaba una escritura genialmente informe, un abandono a los poderes oscuros. La más ligera canción aparecía redactada con los primores del arte, y los versículos de *La destrucción o el amor*, de los *Hijos de la ira* —años después— estaban con toda puntualidad respirados. Las maneras más divergentes se sucedían según variaba el mismo autor— así, Gerardo Diego— y hasta se contraponían en la misma obra, como en su *Fábula de Equis y Zeda*.

Todo nombre unificador de un período histórico es inventado o aceptado por la posteridad. Si a Poliziano le habría sorpendido el mote de «renacentista», a Verlaine —lo sabemos— no le agradaba el título de «simbolista». Cierto que desde el siglo XIX han pululado las teorías y los «ismos». No en España. Por excepción hubo un ultraísmo; el creacionismo —como el modernismo— procedía de América. El cubismo —parcialmente de origen español merced a Picasso, a Juan Gris— se elaboró en Francia. ¿Cómo designar los años tan revueltos y tan fecundos entre las dos guerras mundiales? No hay etiqueta verosímil, sobre todo para los actores de aquellas aventuras. «Aire de época» no significa «estilo de grupo», de un grupo determinado. Una generación posee éstas o las otras aficiones, pero no desarrolla una línea de escuela, de lenguaje. Al empleo de su lenguaje se lanzaron aquellos poetas sin desconfiar de su eficacia. Dice Wladimir Weidlé: «En España, los poetas no están obligados a desconfiar excesivamente de la lengua de cada día, pues esta lengua está mucho menos despoetizada que en Francia o en Inglaterra.» El castellano es, además, un idioma copioso, flexible, y más que nunca en los escritos de la generación precedente. ¿Qué ocurrió después?

La poesía no requiere ningún especial lenguaje poético. Ninguna palabra está de antemano excluida; cualquier giro puede configurar la frase. Todo depende, en resumen, del contexto. Sólo importa la situación de cada componente dentro del conjunto, y este valor funcional es el decisivo. La palabra «rosa» no es más poética que la palabra «política». Por supuesto, «rosa» huele mejor que «política»: simple diferencia de calidades reales para el olfato. (Dice Shakespeare, o más bien Julieta a Romeo: «... a rosa / By any other name would smell as sweet.») Belleza no es poesía, aunque sí muchas veces su aliada. De ahí que haya más versos en que se acomode «rosa» que «política». *A priori*, fuera de la página, no puede adscribirse índole poética a un nombre, a un adjetivo, a un gerundio. Es probable que «administración» no haya gozado aún de resonancia lírica. Pero mañana, mañana por la mañana podría ser proferido poéticamente con reverencia, con ternura, con ira, con desdén. «¡Administración!» Bastaría el uso poético, porque sólo es poético el uso, o sea, la acción efectiva de la palabra dentro del poema: único organismo real. No hay más que lenguaje de poema: palabras situadas en un conjunto. Cada autor siente sus preferencias, sus aversiones y determina sus límites según cierto nivel. El nivel del poema varía; varía la distancia entre el lenguaje ordinario y este nuevo lenguaje, entre el habla coloquial y esta oración de mayor o menor canto. A cierto nivel se justifican las inflexiones elocuentes. Nada más natural, a otro nivel, que las inflexiones prosaicas, así ya no prosaicas. En conclusión, el texto poético tiene su clave como el texto musical. Absurdo sería trasferir notas de *La realidad y el deseo* a *Soledades juntas*, a *Jardín cerrado*. Lenguaje poético, no. Pero sí lenguaje de poema, modulado en gradaciones de intensidad y nunca puro. ¿Qué sería esa pureza, mero fantasma concebido por abstracción? La poesía existe atravesando, iluminando toda suerte de materiales brutos. Y esos materiales exigen sus nombres a diversas alturas de recreación. Sólo en esta necesidad de recreación coincide el lenguaje de estos poetas inspirados, libres, rigurosos.

VI

Sabe Dios cuánto habría durado aquella comunidad de amigos, si una catástrofe no le hubiese puesto un brusco fin de drama o tragedia. Tragedia absoluta fue la muerte de Federico García Lorca, criatura genial. Tragedia con su coro: España, el mundo entero. También nos falta el mayor, de aquel grupo, fallecido prematuramente (1951, Boston) en plena madurez de producción. El final de *Cántico* le llama «amigo perfecto», y así lo fue siempre con una continua generosidad inextinguible. A todos nos ha conmovido la muerte de Manuel Altolaguirre (1959) en un azar de carretera castellana. Emilio Prados (1962) y Luis Cernuda (1963) fallecieron en México.

Nuestra generación trabajó como grupo entre 1920 y 1936. Aquellas reuniones en Madrid terminaron aquel año de la guerra, preludio de la Segunda Guerra Mundial. Pero no podría llamarse «lost generation» a la de estos poetas; a pesar de tantas vicisitudes, han seguido adelante. Pedro Salinas se creció mucho en América y nunca fue tan fecundo como en el decenio del 40. Gerardo Diego, Vicente Aleixandre, Dámaso Alonso han ampliado y ahondado su labor juvenil. Los demás, en emigración forzosa o voluntaria, han sido fieles a sus vocaciones. Más tarde se apreciará cómo el destino influyó en estos hombres de la «España peregrina». Superior a tantas crisis, España se mantiene y se mantendrá en pie. Recordaba el profesor Fritz Shalk que *Cántico* afirma esa fe contra viento y marea.

Que los muertos entierren a sus muertos,
Jamás a la esperanza.

122

PEDRO SALINAS

ELEGIA A PEDRO SALINAS

Por Jorge Guillén

A Dámaso Alonso

I

Pedro Salinas, él, ya nunca «tú».
No esa triste ficción
Como si me escuchase...
¿Desde la tierra donde el cuerpo a solas
Niega a quien fue viviente?
Con todo su vivir
Murió. Murió del todo.

        ¿Ya del todo?
Compartiendo lo aires
Que acogen nuestra vida,
Aunque ya en propio Olimpo,
Intocado por muerte sobrevive
Sin amenaza de vejez siquiera,
Maduro para siempre en la memoria.
Ser único. Se alumbra una figura.

¡Arranque generoso!
Es él, aquel amigo,
Hoy ya sustancia nuestra,
Y no por comunión.
Tú fuiste... No, no así.
Ningún fantasma invoco.
El, él, tan admirable.

II

Amigo.
      Sin quimeras
De trances absolutos,
Fiel a tantas verdades relativas,
Comunes las delicias y aflicciones,
Más acá de las últimas reservas:
El clave temperado
De la amistad segura.
Aquel callejear en Burgos,
Aquella confidencia de Madrid,
Aquel juego de ingenio con tal nombre,
Aquella indignación,
Periódico entre manos...
Trasparentes momentos
En que un alma es su voz,
La voz propicia al diálogo vivísimo,
Y más futuro exige.
¿No trasladaba Aldana a un firmamento
La ansiedad de coloquio?
Inteligencia en acto,
Del corazón no explícito ya cómplice.

Y el silencio —mortal, incongruente,
Brusco— tajó el coloquio.

III

Una curiosidada inextinguible
Se aplica a más lugares, gentes, obras,
¿Para saber? Para entender gozando
De círculos concéntricos de vida
Con pormenores que descubren fondos.
Y los escaparates por las calles
Ofrecen mundos, y las bibliotecas
—¡Aquella biblioteca de Coimbra!—
Son montones de espíritus que aguardan.
Pero aguardan amigos, estudiantes
Retornan a escuchar, y suenan timbres,
Innumerables solicitaciones,
Mientras debemos a diaria Historia
Nuestras ayudas, nuestras disidencias:

Condenación, aplauso, chiste, risa,
Delicada piedad, y qué ternura,
Más, más amor, y tan concreta el alma.
Un placer, y es el lento saboreo.
Todo, todo más claro hasta ese límite
Que sostiene el pudor más varonil.

IV

La muerte no casaba
Con una madurez en propia cúspide,
Frente a los horizontes
De un afán más agudo cada día.
Entre quizá premuras
Una mirada en calma contemplaba
Los azules marinos
O ese blanco papel
Dispuesto hacia la mente.
¡Inseguro el azar,
Tan favorable al caos!
De pronto —¿ya?— la nada.
¿Y aquel esfuerzo por crear un orden
Con esta profusión que nos circunda?
Un destino sin plan
Nos arrebata a ciegas
Al más que nunca en pleno
Merecedor de vida bien cumplida.
Definitivo tajo
Que nos dolió, nos duele.

V

Aquí mismo respiran sus vocablos:
Última quintaesencia,
Y así, con su tictac
Silencioso de pulso,
Mantenido a través
De esta palpitación de la mañana
Que aquí trascurre ahora.
¿Vida de siempre? Vida de ahora mismo,
A un compás que la ahonda, verdadera
Sin ornato, desnuda.

El verso vive en ti,
Lector, y tú lo asumes
Como infusa existencia enraízada
Bajo tu superficie.

Ahí, trasfigurado,
Fluye por ritmo el tiempo
Con su verdad exenta
De accidentes ya inútiles,
Suma concentración de poesía,
Oro que fuese humano.

Pero el oro no basta.
Por un camino humilde,
Un rasgo accidental —recuerdo súbito—
Evoca a todo el hombre con la fuerza
De una resurrección.

Mis ojos se humedecen.
Vivo surge en la luz a quien sabemos
Sin luz cercano al mar
Que él tan amorosamente contemplara.

Y el muerto vivacísimo
Nos conduce a frontera
Sin consuelo, sin aire de consuelo,
Irrespirable al fin.

Murió el amigo-amigo para siempre,
Y muriendo con él sobrevivimos,
El aún con nosotros.
Algo perenne dura.
Tierra junto al rumor de aquellas olas.
Late bien este hallazgo de palabras,
Sentid: Pedro Salinas.

Emilio PRADOS

Sólo te ví, tres veces, y como
un río qe corre; qedaste
presente y grabado Ya,
para siempre, en mi
imaginación, y en
perdurable sueño,
Emilio, ¡qe dulce tu voz!
¡qe maravillosa, tu Alma!
y aquel verso entrañable
tuyo qedó, para siempre en Mí,
qe nunca olvido, y qe
físicamente perdido,
y no muerto,
vivificaré armoniosamente en mí,
en perdurable linea creadora
de mi dibujo GREGORIO

EMILIO PRADOS

Por Jorge Guillén

Con ternura de veras solitario,
Hacia todo sonríe.
Y son muchos los seres que le cercan
En amistad o en lucha
Como si fuesen ya fantasmas buenos,
O crueles tal vez
Que le persiguen, íntimos
Por la sangre, las médulas.
¡Soledad! Y riquísima.

A la noche de grillos, luciérnagas, luceros
No habrá de sosegar tampoco el alba,
Tan cruda, tan real, desgarradora,
Cuando las amenazas de la muerte
Consiguen trasparencia de diamante,
Y asciende sobre el cuerpo aquel espíritu,
Y se esconden, se buscan, flotan, sufren.

Familiar ya, la muerte
Circula por un ámbito
Doméstico de gracia.
Y el poeta —que sin cesar lo es—
Sonríe con amor desde su luz,
Su propia luz nocturna.

ARBOLEDA ENCONTRADA DE UNA ADOLESCENCIA PERDIDA

De una nota de mi diario, que no sé por qué no está fechada, copio estas líneas sobre mi primer encuentro con Rafael Alberti. A pesar de su ingenuidad y hasta podríamos decir cursilería, las copio como se escribieron en aquel momento.

«Una tarde de verano, entre cinco y seis de la soleada estación, regresaba de probarme un traje, por la calle de la Cruz, cuando se cruzó conmigo Rafael Alberti. Nos saludamos efectuosamente y, tras esas frases "¿De dónde vienes? ¿A dónde vas?", no supimos más qué decirnos y nos despedimos. En un empuje de audacia, propia de una soledad que necesita acompañamiento, se atrevió a decirme Alberti: "Si no tienes nada que hacer, acompáñame, ya que la casualidad hace que tú ya vengas de donde yo voy". Mi timidez fabricó una mentira: "No puedo, tengo que hacer'. "Pues deja lo que tengas que hacer y vámonos de paseo". "Bueno, pues vámonos de paseo". De este punto de unión, salvado milagrosamente, se creó una deliciosa amistad.

Estaba en Madrid por un solo día, pues venía de San Rafael, donde veraneaba, saneando, al mismo tiempo, una enfermedad de la que deseaba curarse. Nos marchamos al Retiro. En un refresquero pedimos cerveza y patatas fritas y aquí, entre una hermosa arboleda que fue testigo de nuestro contento, se confirmó nuestro cierre amistoso. Ya no nos separamos más que hasta el justo momento de tomar el tren y el agitar de manos de aquella arboleda presentida de buena amistad.

Al día siguiente vino volando en el espacio, una carta a mis manos. Una limpia alegría recorría mi alma. La amistad, si es auténticamente profunda, es más dulce que el amor y en ese ir y venir de cartas, blancas como la nieve de la sierra, continuó una poética admiración que alimentaba anhelos y preocupaciones de sueños de adolescencia en mundos futuros, que entreví, realidades grandes en el mundo del arte, apacibles y agitadas, llenando de una felicidad tan enorme que produce inquietud.

A su regreso de San Rafael, continuó inalterable nuestra fiel amistad, que entre respetuosa y tímida, arrebatada y prometedora, alegraba nuestra vida con ideales de "llegar lejos" en nuestras carreras artísticas.

Más tarde nos veíamos con frecuencia, y asistíamos a conferencias y exposiciones, reuniéndonos con artistas o literatos. En nuestras conversaciones, siempre sonaban los nombres de nuestras más altas admiraciones: Juan Ramón Jiménez, Unamuno, Ortega, Antonio Machado.. Y los grandes pintores Velázquez, Goya... se entrelazaban con Leonardo, Botticelli, Tiziano. Mientras él prefería la bella estética italiana, yo le oponía la profunda severidad española; en el Greco coincidíamos los dos en extremas alabanzas. A veces, nuestras conversaciones y apasionamientos referentes a las artes tanto clásicas como modernas, llegaban a extremos insospechados y se prolongaban hasta las dos o tres de la madrugada, siendo la curiosidad de los guardas de los jardines y los transeúntes trasnochadores, pues el gesto correspondía a nuestra animada y poética discusión.

Luego, en un 27 de abril de 1923. se interrumpen nuestras maravillosas conversaciones. Una carta, llena de delicadeza y autoridad, así nos lo ordena. «Gregorio: Es algo beneficioso para mí y, por eso lamentable, egoísta, lo que voy a decirte. Nos vemos ya muy poco, es cierto. Tú sabes de sobra cuánto me gusta estar contigo. ¿Verdad? Tú sabes también que no estoy curado del todo, que, a pesar de mi inmejorable exterior, aún me produce fiebre el hablar. Pues bien, esto último me ha sido prohibido terminantemente por el médico, hace dos días. Y yo lo siento más que tú. ¿Comprendes bien ahora mi petición? Perdóname. En cambio, puedes escribirme cuanto quieras; yo te contestaré; y esto será, por algún tiempo, nuestro pacífico canje espiritual. Adiós, hasta pronto.»

No pasaba día que no hubiera carta en el aire, que alegraba nuestros sentimientos, y nuestras polémicas artísticas y literarias quedan ya para siempre grabadas en ligeras o profundas cartas, donde con clarividencia se anuncian los futuros de ambos, del poeta-pintor y del pintor poeta. Montones y montones de poemas, críticas artísticas y literarias, dibujos, así como también preciosísimos sonetos que me dedicaba, y que conservo «como oro en paño», al lado de otros escritos valiosísimos para mí, de Lorca, de Vicente Aleixandre, del dificilísimo y amable a la vez gran poeta Luis Cernuda y de otros poetas españoles y universales. Algún día saldrán a la luz en un libro que titularé *Los Poetas y Yo*. De Altolaguirre, ya está publicado en *Caracola* de Málaga un apunte biográfico.

El último o uno de los últimos libros (no podría precisarlo) de

Rafael Alberti, se llama *Arboleda perdida*. Este libro lo estaba leyendo una amiga mía, entre los árboles de un paseo madrileño, donde casualmente nos encontramos, y me dijo: «Habla muy bien de ti Rafael Alberti en la primera parte de este libro.»Me leyó los párrafos que me dedica en esta especie de autobiografía poética. Por estos trozos, recordando nuestra amistad adolescente, yo llamaría a este libro *Arboleda encontrada*, puesto que me devolvió en ese instante, alegremente, aquellos momentos de una naciente y maravillosa amistad juvenil.

Era en aquel tiempo en el que, el poeta escribe: «Amigo mío Gregorio: ¡Qué desgracia! Hoy cumplo 21 años. Y hago examen de conciencia. Todo está por conseguir. Si vuelvo la cabeza. ¿Qué me sigue? ¡Nada! Un camino vacío. Sin espinas siquiera. No me siento feliz ni desgraciado. ¡Y este medio es peor que los extremos! ¡Pero aún no se ha inaugurado la vida! Rafael. 16 diciembre, 1923.»

Esta misiva, escrita en una tarjeta postal del Museo del Prado que representa *La caza de Meleagro* del pintor Poussin, venía acompañada de una preciosa pintura, en vivísimos colores, titulada *El pueblo* y que dedicaba así: «A Gregorio Prieto, en la primavera de nuestra amistad, Madrid 1923.»

Rafael Alberti empezó siendo pintor, y hasta creo que fue discípulo de la Escuela de Bellas Artes de San Fernando.

A mí me encantaban estas pinturas, rebosantes de estridentes y puros colores, de imaginación de poeta y también de niño precoz, que si bien en el sentido estricto de calidad pictórica no tenían responsabilidad alguna, en cambio eran alegres y conmovedoras en espíritus afines. Recuerdo una de ellas que dedicó a Juan Ramón Jiménez, en la exposición del Ateneo madrileño, que titulaba *El Castillo de irás y no volverás*, que, de esta época de "su arte pictórico", me parece la más completa en el sentido imaginativo de iluminación de colores.

La juventud del poeta siempre quiso ir de prisa, retozando como corza en los campos de la vida poética, y recuerdo un cartel que imprimió la casa Domecq de Jerez, con una pintura suya, que tanta alegría dio a su retozón afán de notoriedad sobresaliente.

Escribía y pintaba paralelamente y gozaba al igual, practicando ambas tareas, que eran toda su vida de sentido creador y sin embargo dentro del placer que experimentaba pintando, una especie de duda daba a su semblante una triste palidez, y sus ojos perdían luz, en nostálgica mirada interrogativa.

Esta duda se explica claramente en esas críticas poéticas que de vez en cuando, en conversaciones y cartas, se expresaban, consecuencia de su estado de ánimo, en el que se veía un tanto perdido, hasta que por fin de manera valiente trató de dilucidar y resolver su íntimo problema de separación total, en su poesía. de la pintura y dibujo, en una carta trascendental.

Yo le alentaba, tanto en su dibujo y pintura cuanto en su magistral poesía. Desde el primer momento intuí su calidad sorprendente, teniendo la seguridad que un día u otro su inteligencia le haría ver el camino a seguir o el camino a dejar.

Así, en estos trozos poéticos definía su propio sentir: «Antes de entrar en fuego repetiré las mismas palabras que Gabriel Miró nos decía en una carta conocida de ti: "Ya ven cómo, gracias a Dios y a mí, no soy crítico". Yo hago confesión de que la Teoría y la mecánica me interesan muy poco, que cada vez me interesan menos. Que basta un claro instinto de comprensión evolutiva, para caminar solo y derecho por las sendas del Arte. "Creo que pueden existir dos personalidades demasiado trenzadas, el literato y el pintor. El literato-pintor se comprende. El pintor literato, no. Es necesario que este último, ya en su función, sepa colocarse ante una Naturaleza muda, toda forma, ritmo y color, olvidándose totalmente de las bellas palabras, de todo aquello que no hable "puramente" a sus ojos. El día que se consiga destrenzar el pintar de lo literato, se sentirá la forma de un modo muy distinto: más plástico, más escueto.»

Se paran las cartas que circularon alegremente, y empiezan otra vez las conversaciones. Ese no hablar y el aire de San Rafael, contribuyeron eficazmente a devolver la salud a nuestro admirable adolescente poeta, y ya entre cartas, telefonazos y conversaciones directas empieza otra vez la amistad, ya más madura y eficaz en el sentido creador y escribe: «No me seas cacatúa, Gregorio, y ven a verme. Acepto tu desafío, pero nada de pistolas, sables o tenazas de cocina, etc., etc. Un desafío más trascendental que todo eso. Paleta en mano, tú me pintas a mí y, luego, paleta en mano, yo a ti. ¿Aceptas? Estoy dispuesto a aplastarte, inmundo pintamonas del año primero, antes de Jesucristo. Ayer por la mañana estuve con un pintor de Huelva. Me divertí horrores oyéndole desbarrar... Hoy no salgo. Ven a verme. No me faltes. El primer abrazo otoñal de: Rafael.» (En esta carta viene dibujada una pistola.)

A los dos o tres días recibo otra carta más exigente. No pude ir a su cita anterior y me dice: «Eres incongruente, Gregorio. ¿Por qué no vienes por casa? ¿No sabes que ya he vuelto a mi prisión? Hace ya dos o tres días te puse unas letras pidiendo tu «augusta» visita. ¡Nada! Ven. que tenemos que hablar... (Ven a la hora que te dé la gana; por la mañana, por la tarde...) Allá quedó San Rafael, con su "pájaro blanco". Y encantado. Mis últimos días serranos fueron fatales. El cielo bajó a pastar al prado, tragándose los pinos y los montes. Hacía mucho frío. Me volví a mi prisión. Ven; alégrame esta nostalgia campesina con el molino de viento de tu charla manchega. La flor abierta de mi amistad. Rafael.»

Empezamos a pintar los retratos; él tenazmente luchaba con la materia, con la calidad pictórica y sufría mucho "queriendo pintar de veras", como él decía, y esto le resultaba muy duro, acostumbrado como estaba a ejercitarse en esas acuarelas y temples alegres, de gracia ligera y alada, tal vez a veces de externa frivolidad. Desanimado, no quiso acabar el retrato, a pesar de mi insistencia. ¡Cuánto siento yo, en estos momentos, no estar eternizado en un lienzo por tan magistral poeta!

Yo le acabé su retrato, del cual quedó muy contento, y lo elogia en su *Arboleda perdida*. Unas líneas suyas de este momento, resultan curiosas: «Queridísimo Gregorio: ¡Qué lástima! Hemos perdido una mañana. Hoy no me levanto en todo el día, tengo un poco de fiebre, poco, muy poco. He avisado al médico. No quiero que progrese este catarro. Si tú no tienes aprensión, ¿por qué no vienes a verme a las cinco? ¿Qué tal va mi retrato? ¿Tocaste el fondo? Si yo la "diñara", ¿me sabrías terminar de memoria...?»

Afortunadamente no "la diñó" y pude acabar su retrato y él seguir componiendo su admirable poesía, para bien de las Letras de España, ya que la pintura y el dibujo (cada día que pasaba se iba dando más cuenta) tenía imposibilidad de ejercitarlos. Y así me escribe esta profunda y desesperanzada carta: «Noviembre. Querido Gregorio: Hoy más que nunca me alegro de nuestra franca y verdadera amistad. ¡Qué desahogo, Amigo mío, qué desahogo, tener a quien contar sin temor, todo lo bueno, lo malo, lo terrible que pasa por uno. Vuelvo de la Castellana, donde estuvimos con ese hombre admirable de Paskievic. Y vuelvo desesperado, con un ánimo imposible. Deseos he tenido de romper todo, todos mis cuadros, sin dejar nada en pie, nada, NADA. Habrás visto con cuánta claridad, con cuánta cimentación habla ese hombre. En la mañana de hoy he aprendido más que en todo un año. Dijo mucha verdad, muchísima, respecto a mi pasada y desastrosa exposición. ¡Y lo terrible es que yo todo eso lo sabía! Pero nadie me lo había dicho, y aquí me tienes como si nada hubiera hecho en mi vida. Luego, para colmo de desgracia me...» Y así continúa una larga carta, en verdadero estado de desesperación, pues realmente su vocación primera fue la pintura y ésta le fue siempre ingrata, pero, gracias a Dios, su admirable poesía, siempre le fue su fiel compañera y así, no tenía por qué sufrir más. Y un buen día, decidido, me escribe esta carta, ya fuera de dudas:

«Enero 1924.

Querido Gregorio. Anoche, de nueve a diez anduve en automóvil por un Madrid lunado y solitario. El cuchillo finísimo del aire me cortaba la cara. Por el canal de asfalto de la Castellana, los largos reflejos de los farolillos se iban plegando mudamente a mi paso. Y yo, por ahora, me siento sentimental y siglo xix. Iba soñando en góndolas, ¡en Ella!, en romanzas de lagos a la luz de la luna, en todo menos en el futurismo. ¡Desgraciado poeta, me repetía a modo de estribillo; si se enterara Marinetti!

Volando, navegando, arribamos al paseo de Rosales. Aquí el aire afiló su daga. Pero ¡oh maravilla! los faroles, caídos en un hoyo, distribuidos en una clara algarabía geométrica, celebraban con los árboles la verbena esmeralda de la luna. Pero todo pasó a la velocidad de un cambio de cuadro cinemático. Sin saber cómo, me encontré en mi casa, cargado de visión y... de siglo decimonono. ¡Ah, pero cuando seamos artistas de dinero, nos compraremos un auto! Es el más luminoso propósito que he sacado de mi lunático y kaleidoscópico paseo.

¿Sabes de alguien que quiera una docena de cuadros malos? Estoy decidido a regalar todos mis garabatos pictóricos. Quiero desprenderme de un arte que es la preocupación constante y dolorosa de mi vida. A vos, señor Pintor, os pienso regalar, si no me rechazáis, lo que más sea de vuestro agrado. Todo lo restante ya sabré colocarlo en desvanes de amigos amantes del Bello y Noble Arte de la Pintura. Basta ya de quebraderos y suplicios inútiles. No quiero ser la irrisión de los más o menos ilustres pintamonas de hoy. Así me libraré de las garras de aquel envidioso refranillo: "el que mucho abarca poco aprieta". Y no creáis por esto que me falta talento para saltarme el mundo a la torera. Tengo más del que vosotros pensáis. Lo que pasa es: 1.º: Estos dos años de inercia me han matado, dejándome atrás de todos en concepción y en práctica. Y 2.º: Falta de valor para empezar de nuevo»...

Y nuestro adolescente poeta, Rafael Alberti, deja de pintar y se dedica sola y exclusivamente a su hermosa poesía, regalándome, para "quitarme quebraderos de cabeza", algunas de sus pinturas. Pero no rompe bruscamente con la pintura y como "esfumatura" sigue pensando en ella, mediante una especie de crítica poética, que es algo así como si siguiera pintando en su poesía «Esta juventud de albérchigo, que al ser mordida brota sangre verde, es ya como el albérchigo, casi una esfera. Sólo le falta desprenderse del árbol y rodar. Sí, rodar; porque el suelo nos pide que, ya al derecho o al revés, rodemos.»

«Pero a la fruta demasiado joven no le es posible eso todavía. Conténtese con ser la más risueña y deseada de todas las del árbol; alégrese con oír los estallidos de su íntima aurora; con mirar, desde su rama alta. la tierra que ha de calzar para el viaje hacia los nuevos límites.» «En las buenas mañanas, cuando abrimos los balcones del campo, ¡cómo levantan, a veces, nuestros ojos formas y colores que jamás habían visto ni soñado. Un solo árbol puede servirnos de maestro. Un solo árbol es capaz de iniciarnos en todos los secretos del iris y la forma. Juventud discípula de los árboles, no puede nunca envejecer.» «Tú, como buen manchego, no eres un punto cualquiera de la circunferencia; eres un centro. A su alrededor giran los cuatro puntos cardinales. Situado entre la sombra y la luz, ya es un soplo de llovizna, ya un surtidor sonoro y quebrado de merienalismo. Molino joven, que todavía no ha dado muchas vueltas, abre su estrella a todas las ventiscas, llevando el sol entre sus aspas.» Entre el envío de estas "críticas" de arte, poesías y poesías, unas propias, otras de grandes poetas universales, me hace ir coleccionando, para que yo, a mi vez, me vaya perfeccionando en "mis escritos". De vez en cuando, el poeta me aconseja y corrige de manera que yo pueda adelantar en esta mi obsesión de siempre, ya que el poeta me dice a veces que puedo «algún día llegar a escribir muy bien...».

Y empieza también al mismo tiempo el deseo de triunfar en su admirable poesía. Encontrándome yo en París me escribe: «Yo, Gregorio, cuando miro lo blanco de este pueblo, me acuerdo de ti, de tus cuadros manchegos. Ahora, ¡qué lejos estás tú de esta adorable sencillez pueblerina! ¿Qué pintas? ¿Cómo pintas? ¿Te acuerdas de España? ¡Qué errado anduve yo hace tiempo! Pero merezco perdón, porque entonces tenía 19 años. Hoy, para mí, España, Andalucía, lo es todo. Cuando la poesía me dé algún dinero, pienso recorrer todos sus pueblos, aldeas y ciudades. Quiero escribir libros —verso, prosa, teatro,— muchos libros sobre ella. También cuando tenga dinero, haré grandes viajes por el mar. La 'Compañía Juan Ramón Jiménez" va a fundar una revista con el exclusivo objeto de meterse con D'Ors y Ortega. Dámaso Alonso le ha mandado cosas mías a Bergamín para que las publique en tan distinguido *libelo*. (Si J. R. J. leyera esto, me mataba.)» (Carta fechada en Rute, en 1925.)

En otra carta, ya fechada en Madrid en 12 de mayo de 1925, me habla de Díez-Canedo; me dice que estuvo en el Paular, (carta que si no fuera porque veo que este escrito se va alargando demasiado, la copiaría, porque es realmente preciosísima) y ya me habla de sus éxitos y del futuro 'Premio Nacional de Literatura". «Ya hace mes y medio que estoy en Madrid. En Andalucía trabajé mucho. Más adelante te mandaré una selección de mis cosas nuevas. No publico en ninguna revista. De cuando en cuando leo mis poesías a personas que me inte-

resan. Obtengo éxitos redondos. Para junio se sabrá el fallo del concurso Nacional. Se dice, desde hace mucho tiempo, que el premio
de la lírica será para mí. No sé. Si yo cogiera dos o tres mil pesetas,
recorrería toda España...»

Y el premio del "Concurso Nacional de Poesía" le fue concedido.
Este homenaje que rinde nuestra amada España a su gran poesía, corona
toda una época de adolescencia de un gran poeta, compañero de otros
maravillosos, tales como Federico García Lorca, Luis Cernuda, Vicente
Aleixandre, Manuel Altolaguirre...

¿Luego...?

Los grandes poetas de su generación, eruditos famosos, académicos,
comentarán en este extraordinario, con autoridad, las cualidades
técnicas sobresalientes de Rafael Alberti. Yo sólo he intentado, con
todo cariño, dejar rastro de una adolescencia paralela a la mía, llena de
gracia, y de esplendorosas, esperanzadas visiones de un futuro que,
gracias a Dios y a San Miguel Arcángel, se hizo realidad en eternidades
poéticas.

Rafael Alberti

Ven, que ya las zarzas están
ruborizadas de moras peque-
ñitos. Quiero verle. bajo
este aire y este cielo puri-
simo.

Vengo de paseo, por la carretera.
Es de noche. Ya cayó la me
dia luna al fondo de los
barrancos; pero, siempre. nos
quedan las estrellas.

Nota de Alberti dirigida a Gregorio Prieto.

Te apuerdo, con los brazos
abiertos).

R. Alberti

Sen Rafael
septiembre
1995

A Gregorio Prieto.

Dibujo de Alberti.

ENCUENTRO CON LORCA, DESCRITO POR ALBERTI EN SU *LA ARBOLEDA PERDIDA*

Escribía como un loco. Casi contento estaba con mis versos, muy diferentes a los lanzados a la moda, por los ultraistas, aunque naturalmente con algo del desconcierto de ellos. Un día un amigo pintor que vino a visitarme me trajo un libro —*Libro de Poemas*, se titulaba— del que se hacían en Madrid los mejores elogios. El pintor era Gregorio Prieto, y el autor del volumen, Federico García Lorca: un muchacho granadino que pasaba los inviernos en la capital, hospedado en la Residencia de Estudiantes. Me entusiasmaron muchas de sus poesías, sobre todo aquellas de corte simple, popular, ornados de graciosos estribillos, cantables...

También Gregorio Prieto, que ya entonces me estimaba mucho más como poeta que como pintor vino a verme aquel verano a San Rafael. Su prestigio andaba en aumento. Creo que hasta había ganado una medalla en el Salón Nacional por un cuadro de larguísimo y literario título: «Purificación, Nieves y Encarnación recolectando manzanas». A mi regreso de la sierra, ya muy entrado el otoño, me propuso hacerme un retrato. Y a su casa, en no se qué castiza calle madrileña, fui a posarle. No hace mucho el mismo Prieto me mandó a Buenos Aires un fotografía de aquel cuadro. Allí estoy, de medio cuerpo, todavía de luto por mi padre, un fino cuello blanco sin corbata, delgado; alto el perfil de expresión abstracta, y un libro abierto entre los dedos. Obra muy juvenil, parece sostenerse a través de los años y conservar bastante encanto y simpatía. Para mostrársela a un conocido escritor y a la vez darle a conocer algunos de mis poemas, citó Prieto, una tarde, en su estudio, a Enrique Díez Canedo. Nunca lo había visto. No ignoraba su nombre, pero si su obra. Sabía que era muy importante como crítico literario y teatral en revistas y periódicos. Y que, también, hacía versos. En aquel momento de mis contemporáneos españoles mayores solo me eran familiares Antonio Machado (más que Manuel, su hermano) y Juan Ramón Jiménez...

Díez Canedo al principio, me chocó. Elogió mi retrato y no pudo disimular su sorpresa cuando Gregorio Prieto me pidió que leyese mis poemas.

—Creía que usted, era nada más que pintor...— se atrevió a decir, tímido.

Estuve a punto de soltarle una grosería. Pero afortunadamente me contuve, comprendiendo cuán injusto e incorrecto hubiera sido el mandar a la M a una persona que ignoraba mi nueva vocación y que con toda amabilidad se disponía a escucharme.

No sin cierto temblor saqué mi manuscrito. Y por primera vez leí a un personaje de importancia algunas de mis canciones y sonetos. El comentario de Canedo fue bueno pero parco. Me sonrió sobre todo, mis versos marineros. Yo, como Juan Ramón y García Lorca, era también andaluz. Y esto se me notaba, dándole acento definido a mi naciente poesía.

No me disgustaron sus pocas palabras. Habían sido bastantes para un crítico ilustre, conociéndose ya cuanto se cuidan éstos para no caer en el grave riesgo de equivocarse. Al poco tiempo, supe por Gregorio Prieto que Díez Canedo había ampliado sus elogios, cosa que me lleno de nuevo arranque y entusiasmo. Iban pasando los meses... Y conseguí un conjunto de poemas de una gran variedad de colores, perfumes, música y esencias, sin recurrir al acarreo fácil de lo popular como señalaría más tarde Juan Ramón Jiménez cuando se trató de enfrentar mi poesía con la de García Lorca.

Todo estaba maduro ya para conocer a Federico. La hora, por fin, había sonado. Fue una tarde de comienzos de otoño. Y fue, también, Gregorio Prieto quien me lo presentó. Estabamos en los jardines de la Residencia de Estudiantes (Altos del Hipódromo), en donde García Lorca pasaba todo el curso desde hacía varios años. Como era el mes de octubre el poeta acababa de llegar de su Granada. Moreno oliváceo, ancha la frente, en la que le latía un mechón de ?elo empavonado; brillantes los ojos y una abierta sonrisa trasformable de pronto en carcajadas, aire no de gitano, sino más bien de campesino. Ese hombre, fino y bronco a la vez, que dan las tierras andaluzas. (Así lo vi esa tarde, y así lo sigo viendo, siempre que pienso en él). Me recibió con alegría, entre abrazos, risas y exagerados aspavimentos. Me dijo entre otras cosas, que había visitado años atrás, mi exposición del Ateneo; que yo era su primo y que deseaba encargarme un cuadro en el que se le viera dormido a orillas de un arrollo y arriba, allá en lo alto de un olivo, la imagen de la Virgen, ondeando en una cinta la siguiente leyenda: «Aparición de Nuestra Señora del Amor Hermoso al poeta Federico García Lorca». No dejó de alagarme el encargo, aunque le advertí que sería lo último que pintase, pues la pintura se me había ido de las manos hacía tiempo y solo me interesaba ser poeta. Aquella noche...

Dibujo de Rafael Alberti.

Poema inédito de Alberti.

LUIS CERNUDA

La infancia de Luis Cernuda se desarrolló en Sevilla, donde vivió en una graciosa y estrecha calle llamada «Aire», de cierta melancolía. Vivió su adolescencia en silencio y murió solo, en su cuarto, allá en Méjico.

Su muerte ha sido bastante silenciada y, en éste momento en que generalmente se hace justicia al ser privilegiado, la humanidad se la niega, y a Cernuda, se le sigue silenciando; su nombre se rodea de murallas y misterio, y de no haber alguien, dispuesto a romper ésta prisión, su gloria poética sucumbirá en indiferencia y olvido.

¡Y es lástima! por el beneficio que aportaría a su patria. Pero tarde o temprano el perfume de ésta poesía sobrepasará muros condenatorios de tal forma transcendental que ésta gloria poética será aureolada de luz y justicia.

Y éste es el momento de poder apreciar su romanticismo moderno, entrelazado a un superrealismo de expresión actual, que, como manojo de violetas en símbolo de vida marchita, su perfume de cuando fueron frescas, se deja sentir y se eterniza en recuerdo con rastro genial y se hermana en fines intelectuales que se eternizan como pájaros vivos de atractivo color.

Aquí está el secreto de su presencia, corporal e intelectual; y Luis Cernuda a través de esta atmósfera potente y presente nos muestra que existe y se impone su creadora poesía, y este es el arma de combate del mundo de su desvío en el que está la fuerza porque en el apartado nido de su defensa, está su empuje y nadie podrá atraparle en su tierno mundo escondido entre silvestres hojas intelectuales.

Cernuda necesitó de amor, pero no osó pedirlo, ni intentó buscarlo y su apartamiento tan celosamente defendido resulta intocable en su soledad permanente.

Su caracter, reflejado queda, en ésta calle donde vivió, en casa de pequeño patio, quizás el más apagado y triste de ésta Andalucía, con algo de anchura blanca que el propio poeta nos la describe, en uno de sus primeros libros.

Luis Cernuda por Gregorio Prieto.

GREGORIO PRIETO
por
LUIS CERNUDA ————
(1942)

Pertenece Gregorio Prieto a una generación artística española que poco antes de la guerra civil había alcanzado plena madurez, compuesta casi exclusivamente de pintores y poetas. Tal coincidencia circunstancial es tanto más curiosa cuanto que si en algunos de sus poetas, como ocurre con Federico García Lorca, lo plástico se superpone a veces a lo lírico; en cambio, en algunos de sus pintores, como ocurre con Gregorio Prieto, lo lírico se transparenta a veces bajo lo plástico. Pero al calificar de lírica la obra de Prieto no quiero decir que intente deliberadamente rebasar los límites naturales de su arte, sino que pretendo tan sólo subrayar en ella un empeño por armonizar y resolver plásticamente el eterno conflicto entre lo real y lo ideal, que es alma de la poesía.

Real es la base sobre que se apoya en general el arte español, y en Prieto, español de la Mancha, región que toda ella constituye una redundancia española, no había de faltar el amor de la realidad. Sobre la realidad manchega, esa paramera donde el viajero, cruzando en tren de Castilla a Andalucía, ve a la luz del crepúsculo surgir la blancura de unos muros que tiñe de azul el resplandor solitario de un farol, él ha ido superponiendo los fantasmas de su imaginación. Pero la simplicidad y desnudez básica de su obra son manchegas, y quienes deseen conocerla en progresión ordenada deben acudir primero a sus paisajes de la Mancha.

Al obtener Prieto, muy joven aún, el premio de Roma, la larga estancia en Grecia e Italia había de revelarle un ideal que poco a poco iría convietiéndose en obsesión, llegando en ocasiones casi a ahogar en él el instinto de lo real. Fruto de aquellos años eran las obras que

expuso en Madrid hacia 1936. Ese ideal, más que una añoranza del
clasicismo pagano, es una añoranza de cierta imposible edad de oro,
simbolizada en sus lienzos una y otra vez por hermosos cuerpos juveniles, desnudos y amorosos, que pueblan blancas ruinas del litoral me-
diterráneo.

Pero esta atracción que el Sur ejercía sobre su imaginación, como
imán poderoso, la han contrarrestado los azares de la época, llevando
a Prieto al norte de Europa, donde vive hace algunos años, y cuyo ambiente y luz debía modificar no sólo su visión ideal, sino su percepción
real de las cosas.

Muchas veces se ha hablado del realismo español, y recuerdo al
escribir esto cierta estatua sevillana de Velázquez, en cuyo pedestal
campea la inscripción: «Al pintor de la verdad». Ante todo cabría
preguntarse, como Pilatos: «¿Qué es verdad?». Y, además, aunque
supiéramos qué es verdad, tal inscripción parece poco adecuada para
un pintor como Velázquez, que como pintor de la luz que es, podría
mejor llamársele pintor de la mentira, pintor de la mentira luminosa.
Es cierto, y rebajando un tanto las pretensiones de aquella inscripción
sevillana, que si no todo el arte español, una rama de él halló su ideal
en la representación de la realidad, más que de la verdad, pero su representante asiduo no sería Velázquez, sino Zurbarán.

¡Qué fidelidad hay en el amor contenido de Zurbarán hacia la
realidad! Existe cierta naturaleza muerta de este pintor que presenta
sobre un plato de peltre una rosa y un vaso de agua; más que naturaleza
muerta, cabría llamarla, traduciendo libremente la expresión inglesa,
still life, sosiego vivo. La luz de Velázquez habla a veces de ansias y me-
lancolías; la luz velada de Zurbarán, en cambio, habla de recogimiento
y contemplación.

A este mundo de Zurbarán ha devuelto al pintor Prieto la luz
nórdica, arrebatándole a sus imaginaciones paganas. Ya no pinta
aquellas muchedumbres juveniles, congregadas bajo la columnata de
un templo, o al aire libre junto a los muros de una ciudad. Ahora las
cosas han sustituido a las personas: unas flores, unas frutas, un libro,
y a veces, extrañamente, si la figura humana debe aparecer en el lienzo,
como en esos homenajes suyos recientes a pintores españoles y poetas
ingleses, sólo aparece a través del esquema nebuloso de una reproducción fotográfica, como la sombra de una sombra.

Cierto que ya figuraba Zurbarán entre los nombres de artistas del
pasado con quienes gustaba vincular sus primeras obras la generación
a que Prieto pertenece, y aún hoy pocos son los pintores de dicha generación que, en cierto nodo, hayan dejado de ser fieles a aquella tradi-

ción de la forma ascética y hostiles a los halagos de la luz. Mas, por lo
que a Prieto respecta, este regreso deliberado a una técnica que antes
a veces la atrajera, no se ha producido sin sus consiguientes modificaciones.

Yo vería en esta actitud suya actual, no sé si a la larga con algún
efecto mórbido en su técnica misma, un intento de sustituir la luz
ausente: pues que el mundo de la luz se ha perdido, el pintor traza, más
que su imagen de las cosas, un esquema desnudo de ellas. Claro que
dicho propósito no es tan absoluto en la obra actual de Prieto que no
le permita olvidarlo ocasionalmente, y ejemplos de una pintura menos
abstracta hay en su producción última, como el retrato de la señora
B. de L., en el cual algo parece irisarse y palpitar a través de la atmósfera.

Ese forzoso desvío de la luz, como elemento trasmutador de la obra
pictórica, ha llevado aún más hacia el dibujo a un pintor que para él
estaba ya de antemano tan bien predispuesto como Prieto. El esquema
en blanco y negro de un mundo cuyas apariencias son cambiantes tiene
cierto atractivo ascético, al que muchos pintores siempre cedieron gus-
tosamente.

Ya hace años publicó Prieto en París dos colecciones de dibujos,
una de ellas, por cierto, impresa por el poeta Manuel Altolaguirre. Varias más han aparecido desde su residencia de Inglaterra: *An English
Garden* y *Undergraduates, Oxford and Cambridge*. Otras tres son ilustraciones, mejor diría, divagaciones, en torno, una, a la obra de Federico García Lorca; a la otra sirven de ocasión temática los sonetos
de Shakespeare; versa la tercera sobre la vida monástica. Aquí estamos,
en general, más lejos del ambiente español que en otras fases de la obra
de Prieto; aun insistiendo sobre temas tan subrayadamente españoles
como son los de Federico García Lorca, es éste un aspecto cosmopolita
de su arte. En cuanto a los temas de la vida monástica, aunque de tradición zurbaranesca, me parecen tal vez menos en consonancia con
su temperamento.

No quiero decir, sim embargo, que Prieto olvide su tradición, porque ésta siempre le asiste. Tómese alguno de sus dibujos últimos, el
de los Remeros, por ejemplo, de la serie *Undergraduates*, y dentro de
sus propios límites se verá cómo el problema plástico de poblar un espacio está resuelto según la fórmula de dos maestros españoles: uno
de ellos, el Greco (recuérdese su «Entierro del Conde Orgaz»), agrupa un
número de cuerpos mayor del que materialmente pudieran coexistir;
el otro Velázquez (recuérdese su «Rendición de Breda»), deja que la
multitud se bañe generosamente en el espacio. El dibujo de Prieto responde más a la solución del Greco, pero al mismo tiempo nos impone

el recuerdo de Velázquez con las líneas verticales de los remos que empuñan sus figuras, las cuales no escapan con el ímpetu ascensional de las del Greco, sino que están fijas en tierra, como ocurre con las de Velázquez.

Esa cualidad lírica de la obra de Prieto, a que antes me refería, quizá sea más visible en esta última etapa de su obra, sobre todo, en los dibujos. No siempre es manifiesta; hay que sorprenderla a veces oculta por una reticencia amorosa, otras disfrazada de ironía, otras de amargura y reserva. Técnicamente, aunque en numerosas ocasiones siga fiel al dibujo en que la forma se acusa sólo por la línea exterior, su trazo tiene ahora más riqueza y variedad. Aquella línea fronteriza del contorno a lo Ingres se quiebra hoy en rasgos nerviosos, con una especie de desasosiego. Su visión es más compleja, y hay en él dotes bastantes para aclararla y fijarla sobre el lienzo y el papel.

Es curioso que este pintor, que se ha caracterizado por el sosiego de la forma, sepa también animarla con un estremecimiento de pasión. Todo artista, en general, actúa a su manera la fábula de Pigmalión, pero esto el público nunca lo percibe. La condición primera para comprender y animar la realidad es amarla. Yo he visto a Prieto, aun en momentos de preocupación y zozobra, inclinarse durante un paseo para recoger del suelo una hoja o una flor, sumergirla en agua luego al regreso, y, sentándose a contemplarla, olvidar su preocupación. Es esa una cualidad humana sólo a partir de la cual existe el artista.

Manuel Altolaguirre.

Manuel Altolaguirre, por Gregorio Prieto.

MANUEL ALTOLAGUIRRE

Yo no sabía nada de nada de todo esto, y repasando documentación de Luis Cernuda, que la «Fundación Gregorio Prieto» conserva cuidadosamente me encuentro con este escrito (para mi insólito) de mano del propio poeta. Veracruz, septiembre 1950. María Luisa Gómez Mena (la mujer de Manolo) y yo. Foto hecha por Manolo.» Al editor, en afán de una erudición precisa le parecía perfecto que se publicara, sin embargo, yo no le creía conveniente, por estimarlo equivocación de Luis, y con esto poder herir en algún tanto la sensibilidad de Concha Méndez, mi buena y fiel amiga, y ya que por otra parte yo no concibo otra mujer para Manolo, que Concha, ya que de esa otra vida posterior de Altolaguirre, apenas si yo sabía nada. Pero repasando la lectura del libro «Las Islas invitadas», en cuyo Prefacio escrito tan acertadamente por su sobrina carnal Margarita Smerdeu Altolaguirre insospechadamente me encuentro con esta noticia contundente, de alguien que eruditamente debe saberlo a la perfección, y que con seguridad Concha Méndez, le habrá leído, por tratarse de un libro, hasta ahora el mejor sobre el gran poeta Manuel Altolaguirre, su esposo, de siempre, tanto que yo preparo uno de esos libros de biografía de ambos, por crerlo de un interés nada común, sobre estos dos seres personalísimos que unieron sus vidas poéticas, y que tantas cosas extraordinarias les ocurrieron y que dan luz a toda una época de la generación del 27, tan rica en poetas de primera fila, y de acontecimientos poéticos, sociales y humanos. Este escrito del libro de Margarita Smerdeu dice «En marzo de 1943 parte por fin para Méjico la familia Altolaguirre. Allí trabajó el poeta en una imprenta oficial y emprendió una nueva actividad, el cine, empezando como guionista en la casa productora Posa-Films.

En 1944, la Secretaría de Educación Pública, edita su primer libro de poemas escritos en Méjico, en el que se insertan poemas editados anteriormente. Le dio como título «Poemas de las Islas Invitadas».

En julio del mismo año reaparece la revista «Litoral», en su tercera época.

Separado de su esposa Concha Méndez, abandona su casa por estas fechas. En Tasco donde fija su residencia, vive con María Luisa Gómez Mena, a la que había conocido en Cuba y con la que contrajo nuevo matrimonio en Méjico más adelante.

En Tasco instala otra imprenta, la séptima, y escribe otros dos libros: «Nuevos poemas de las islas invitadas» (1946), que es una de las obras más significativas del cambio experimentado por el poeta en su nueva vida, lejos de su anterior hogar y «Fin de un amor» (1949).

En Méjico publicó su última revista «Antología de España en el recuerdo» y editó una pequeña serie de obras de autores clásicos, veintidós en total, en la colección literaria que tituló nostálgicamente «Aires de mi España».

La nueva y última imprenta, que llevaba el nombre de «Isla», en lejano recuerdo de aquellas «Islas Invitadas» fue un fracaso y desde ese momento Altolaguirre abandona definitivamente sus actividades como editor y entra de lleno en el mundo del cinematógrafo.

Por esta noticia damos «fe notorial» de la dedicatoria escrita de la foto de Luis Cernuda en compañía de María Luisa Gómez Mena.

MANUEL ALTOLAGUIRRE
POETA, IMPRESOR, EDITOR Y CINEASTA

Las peripecias y vaivenes de la vida de Manolo Altolaguirre podrían empezar a contarse y no acabar nunca. Difícilmente se podrá encontrar una existencia tan rica y llena de aventuras. La unidad de la tragedia y la comicidad se dan en ellas con tan sorprendentes y variados matices, que de decidirse alguien inteligente y que conozca a fondo su vida a escribir su biografía podría resultar ésta una de las más trascendentes y divertidas, a la vez quz profunda.

Se comportaba en la vida como un ángel irresponsable. Era como un perro sin amo, que acudía donde encontraba cariño; iba y venía por la vida como mariposa que en todas partes se posa, y dependía más bien de la fatalidad —que era la que conducía su vida— que de una voluntad de querer ser. El bien y el mal para él eran cosas ajenas a su manera de ser, y podríamos decir que era como un niño de esos cromos vistos en nuestra infancia, custodiados de el Angel de la Guarda, que siempre tiene al lado, salvándole de precipicios que podrían tragárselo. Como el cisne, podía meterse en el agua sin mojarse; siempre salía ileso de toda corrupción posible, y limpio, y puro y libre se dejaba llevar por el primero que a su lado tenía. Se hacía querer, se dejaba enamorar y siempre correspondía con una sonrisa larga y angelical que no imponía ninguna demanda a cambio. Se diría que tomaba el sol a piernas suelta, dejándose contemplar sin la menor idea de pretender atraer. Atraía como el imán, a pesar suyo, pero con un gozo instintivo del que sabe da placer y esto le bastaba en su vida. No tenía complejos de ninguna clase; sólo percibía la alegría, pena, vergüenza o satisfacción que el destino a cada momento le proporcionaba. Recuerdo graciosamente esa tristesa infantil del día último de París para su viaje a España. «¿Qué te parece, Gregorio? Ahora que yo debería epatar en Madrid con mi triunfo en Francia, fíjate», y mostrándome la suela del zapato desprendida donde aparecía el calcetín roto, casi se le saltan las lágrimas. De esta tristeza sencilla pasó inmediatamente a una regocijante alegría cuando entramos en una zapatería para comprarle unos zapatos nuevos.

Tan pronto no tenía un céntimo como podíamos verlo en una lujosísima casa tomando el té, o en el restaurante de última moda, como una hoja desprendida del árbol, que lo mismo podía ir a parar al cieno de la calle que a manos inteligentes que, apreciando su hermosura, la pone en agua para refrescar su vida natural y bella.

No era indeciso porque nada dependía de él; todo le venía de fuera y él sólo aceptaba o rechazaba, con instinto certero, lo que podía beneficiar su bienestar de sentido poético. Nada materialista, afrontaba con resignación la contrariedad del día. Cuando Mathilde Pomés, la hispanófila francesa, le hizo repetir todo el libro que para ella compuso, por lo plagado de faltas que estaba, alguien salió en su defensa diciendo: «Si usted quiere un libro impreso a mano por un gran poeta, que así tiene que ganarse la vida, soporte sus faltas porque estas serán de poeta y no de impresor profesional, y esto le da más carácter y poesía, por ser un poeta quien compuso y firmó su edición». No obstante, Manolito repitió todo el libro.

Hizo ediciones maravillosas. La revista poética en inglés y español, que tituló «1616», por ser el año en que coincidieron las muertes de Cervantes y Shakespeare, quedará como algo transcendental en la historia del arte de las ediciones.

Indudablemente, la eternidad está reñida con la moda, con la intriga, incluso con la actualidad, aunque esta esté representada con magistral factura. No se concibe cómo la creación cinematográfica *El Cantar de los Cantares*, de Altolaguirre, no haya conseguido el Lábaro de Oro o el de Plata en el Festival de Cine Religioso y de valores humanos en donde fue presentada, viniendo su autor ex profeso desde Méjico para ofrecer este eterno regalo. Tal es su perfección en el colorido, llevando al grado máximo de la técnica; su armonía en el paisaje, su desarrollo intencionado de lentitud prodigiosa, su encuadre original, la acción bellamente conseguida en cada episodio, así como el acertado escoger en iglesias y rincones de inusitada hermosura.

Con este film, su director ha podido conseguir un tesoro de misticismo sublime, que la Iglesia puede situarlo al lado de tanta maravilla dedicada a ella. En su creación puede parangonarse con los más hermosos Tizianos, Rafaeles y Botticellis. Esta película es el Fray Angélico cinematográfico, digna de ser representada en el Vaticano, para que le sea concedida la aprobación oficial eclesiástica, y que de año en año, ininterrumpidamente, en la época de Pascua Florida, fuera proyectada como religiosa fiesta. Tal es su encanto y perfección. Digna pareja de la *Pasión de Juana de Arco*, del genial director danés Dreyer, por su clásica factura y precisión de ideas, desarrolladas en radiante *Arte puro*.

Dios ha querido que esta magistral poesía de la pantalla consiga la eternidad para este poeta de Málaga; su tierra queda también, por este hijo, eternizada otra vez. Andalucía cuenta con este prodigio entre tantos otros. Murillo, Velázquez, Bécquer, Juan Ramón se aproximan a él y le hacen sitio a su lado.

Altolaguirre ha tenido la suerte de los escogidos de Dios en su morir a tiempo, muerte de dioses humanos; en el preciso momento de volver a su patria a entregar su obra y depositarla como corona a su eternidad, que regala a España.

Parece increible, pero así ha sucedido. Documentándome para el libro toledano que estoy realizando, leía yo su poética biografía de Garcilaso de la Vega, y el mismo día de su trágica muerte comentaba esta frase que Altolaguirre escribía como profecía a su propia suerte: «Conquistar con sangre es conquistar la tierra, porque la tierra nunca es de los vencedores sino de los vencidos; y porque en donde descansan nuestros restos mortales estará nuestra patria. No es español quien no muere en España. Al morir damos a la tierra más de lo que al nacer nos dio.»

Manuel Altolaguirre quiso morir en España; pero antes nos legó este magnífico regalo de *El Cantar de los Cantares* que lo hace nuestro para siempre. Dios lo tenga en su cielo.

Oleo de Manuel Altolaguirre.

Oleo de Manuel Altolaguirre.

Oleo de Manuel Altolaguirre.

ELEGIA A MANUEL ALTOLAGUIRRE

Por Jorge Guillén

Convertido en su tesoro,
Se despilfarró sin tasa
Verso a verso, poro a poro.

Siempre dio, siempre daría.
Y el surtidor del jardín
Daba fuerza a fantasía.

Poeta sólo poeta.
Arde en un alma la gracia
Que alumbra y no se interpreta.

Ángel con sol de misterio
Hasta por esas arrugas
Viriles de niño serio.

Era quizá demasiado:
Le escogió por ser tan joven
Incesantemente el hado.

MUJERES DE ESPAÑA

Concha Méndez de Altolaguirre

Hay seres predestinados a quedar en la Historia sea como sea y Concha Méndez es uno de ellos. Esta mujer fue una verdadera pionera de la época en que estamos. En ese momento, en el que no se podía hablar con la mujer, ella ya podía ser amiga y «alternar» como amiga del hombre y colaboradora. Así, de pasada, mencionaremos algunos nombres conocidos que intervinieron en esta vida fabulosa de acontecimientos intelectuales; entre ellos, el primero de todos, Luis Buñuel, que fue «novio formal» de esta criatura. Concha Méndez, siendo burguesa cien por cien, camino del matrimonio oficial, al mismo tiempo podía codearse con otros seres en «plan» de amiga, como lo fue de Lorca, de Alberti, de Juan Ramón, que le dedicó un escrito formidable definiéndola magistralmente, y de todas esas personalidades del momento. Concha fue también la primera que se atrevió a probar, a pesar de sus riesgos, un paracaídas; fue enfermera, puso una «boutique» y hasta fue campeona de natación. Logró ganar un concurso de baile del «charleston» en esos famosos «tes» del Ritz. Escribió varios libros poéticos y colaboró en periódicos y revistas. Era famosa en todo esta simpatiquísima, inteligente y buena Conchita Méndez. Hasta recuerdo con el tono y gracia que admitía ciertas bromas: en un banquete que me dedicaron se permitió juguetear con su segundo apellido, y al citar su nombre alguien en voz alta, de Concha Méndez Cuesta, Dámaso Alonso, dijo: «Concha Méndez Cuesta. ¿Cuánto cuesta Concha Méndez?»

Su sino estaba escrito que tendría que casarse como Dios quiere y manda, por la Iglesia y todo, a pesar de sus jugueteos comunistas, con un gran poeta, Manolito Altolaguirre, muerto violentamente en accidente de automóvil cuando estaba en España a presentar su maravillosa película al concurso de Cinematografía religiosa de Valladolid, *El cantar de los cantares*.

Recientemente, Concha Méndez ha estado en España para presentar sus últimos dos libros: *Villancicos de Navidad* y *Poemas, sombras y sueños*. Recordando nuestra amistad, yo le di un festejo en mi estudio, y para que se vea el aprecio que se tiene a esta singular Concha Méndez, siempre actual y entusiasta, basta recoger algunis nombres que acreditan la estima en que la tienen las nuevas generaciones, con la presencia de las más jóvenes tendencias poéticas, entre ellos Panero, Brines, José Hierro y Ramírez de Lucas; y amigas como Mercedes Fórmica, Concepción Altolaguirre, Felicidad Panero y muchas más personas que vinieron a felicitarla y, con gran sorpresa de todos, recibimos un precioso ramo de flores en su honor de un exnovio de Concha, que con buena amistad y recuerdo la felicitaba, por su hermosa poesía; y hablando de poesía me rogó le enviara un poema que me dedicó, hace mucho tiempo que deseaba incluirlo en su próximo libro a publicar y que reproduzco:

¡Oh!, ensoñador, un pintor que pinta libros y flores. ¿Y sabe pintar amores? Todo lo pinta el pintor, pues que me pinte un amor. ¿En un libro? ¿En una flor? O en un fondo marinero. Que así quiero yo el amor.»

Gregorio Prieto

Concha Méndez, esposa de Manuel Altolaguirre.

Dámaso Alonso.

Gerardo Diego.

Vicente Aleixandre.

Miguel Hernández.

Dibujo de Miguel Hernández.

¿GENERACION DE 1927?

Por Julián Marías

A veces se nombra a las generaciones por una fecha señalada, en que sucedió algo importante y que coincide con su aparición en el escenario histórico. Así hablamos de la generación del 98, aunque los hombres más representativos de ella empezaron a actuar unos antes de esa fecha y otros después, aunque su espíritu se había manifestado ya unos cuantos años antes, en Unamuno y Ganivet sobre todo. Cuando se habla de *varias* generaciones, cuando se estudia su escala, su continuidad, sus influencias mutuas, es preferible tomar las fechas *natales*, denominar a cada una de ellas por la *fecha central* de la zona de fechas en que se agrupan los nacimientos de los hombres y mujeres que la componen. Así, la generación del 98 es la de 1871 (los nacidos alrededor de ese año, en un periodo de 15, que va de 1864 a 1878).

La denominación «generación de 1927» ha hecho fortuna entre los estudiosos de la literatura española contemporánea. No es una fecha natal, sino de aparición pública. Pero lo curioso es que en 1927 no pasó nada importante, ninguna conmoción histórica desde la cual se pueda contar un nuevo periodo. Se publicaron, ciertamente, algunos libros ilustres, pero no más, ni más representativos, que los que habían visto la luz en los años inmediatamente anteriores o habían de aparecer en los siguientes. La única excepción sería *Sein und Zeit*, de Heidegger, libro del que Ortega habló en la temprana fecha de 1928, pero que, aparte de esto, no tuvo otra influencia en nuestras letras de aquel momento.

Los libros españoles de 1927 están en línea con otros enteramente análogos, que los flanquean: Unamuno publica *Teresa* en 1923, *De Fuerteventura a París* y *La agonía del cristianismo* en 1925, *Romancero del destierro* en 1927. Antonio Machado edita *Nuevas canciones* en 1925, y desde 1926 se suceden sus obras teatrales, en colaboración con su hermano Manuel, hasta 1932. Valle-Inclán inicia en 1926 sus obras últimas y culminantes con *Tirano Banderas;* en 1927 y 1928, los dos primeros volúmenes de *El Ruedo Ibérico (La Corte de los Milagros* y *¡Viva mi dueño!)*. Ortega ha publicado en 1925 *La deshumanización del arte* —el libro teórico esencial para comprender este periodo—;

entre esta fecha y 1930 *(La rebelión de las masas)* se suceden ensayos y volúmenes de *El Espectador*. Dos libros fundamentales de Menéndez Pidal *(Poesía juglaresca y juglares* y *Orígenes del español)* son de 1924 y 1926; *La España del Cid* no aparecerá hasta 1929. Azorín ha publicado en 1924 *Una hora de España*, en 1925 *Doña Inés*, entre 1926 y 1928 casi todo su teatro, en 1928 su nueva modalidad con *Félix Vargas*.

Si nos fijamos en los autores que se suelen considerar de la «generación del 27», Pedro Salinas ha comenzado en 1923 *(Presagios)*, su narración en 1926 *(Víspera del gozo)*. Jorge Guillén no empezará hasta 1928 sus ediciones crecientes de *Cántico*. Ya en 1924 ha aparecido *Marinero en tierra* de Rafael Alberti, y sus libros de poesía se suceden hasta *Sobre los ángeles* en 1929. Vicente Aleixandre publicará *Ambito* en 1928; del mismo año es el *Romancero gitano*, que hará famoso a Federico García Lorca.

Es decir, 1927 es un año *entre otros:* ni histórica ni literariamente se distingue de los demás. En él *no pasa nada*. Entonces, ¿por qué se ha elegido su nombre para denominar una generación? En rigor, lo único que pasa es que *había pasado algo trescientos años antes:* la muerte de Góngora en 1627. Los poetas lo celebraron —no sin discrepancias: de ahí nacieron disensiones dentro del *genus irritabile vatum*, no todos los cuales admiraban a Góngora, ni por los mismos motivos—. Por eso, la fecha 1927 ha sido elegida por los poetas, y nada más. Nadie habla de los filósofos, novelistas, pintores o políticos «de la generación del 27». ¿Será, entonces, . na generación?

* * *

Las generaciones no dependen de sucesos históricos importantes (1); al contrario, estos sucesos afectan de manera distinta a cada una de las generaciones coexistentes en el momento en que acontecen. La serie de las generaciones depende de la estructura general de la historia en una sociedad dada, y es independiente de cualquier acontecimiento particular. Si una de ellas se nombra por un hecho histórico, esto no quiere decir que esté «determinada» por él, y en modo alguno es forzoso que constituya su centro.

La serie de generaciones que, a lo largo de muchos años, he intentado establecer para España —probablemente válida para toda Europa occidental y acaso, desde cierta fecha, para todo Occidente— sería, comenzando por la «del 98»: 1871, 1886, 1901, 1916, 1931, 1946, 1961. Estas serían las generaciones del siglo XX. El torso de los autores «del 27» corresponde evidentemente a la

---

(1) Véase mi libro *El método histórico de las generaciones* (1.ª ed., 1949); también, *La estructura social* (1955), *La justicia social y otras justicias* (1973), *Literatura y generaciones* (1975) y *La España real* (1976). En el primero de estos libros mostré la insuficiencia de la teoría de Petersen, que ha desorientado tanto con la idea de «generaciones literarias». Hay generaciones *históricas;* y hay, por otra parte, escuelas, tendencias, grupos, etc., que pueden afectar a una o varias generaciones en un campo particular.

generación de los nacidos en torno a 1901, es decir, entre 1894 y 1908. Estos serían los límites cronológicos.

Hay que advertir que la realidad humana es *inexacta* y, por tanto, el rigor histórico no es matemático. Los años «fronterizos» son siempre dudosos, y el nacido en uno de ellos puede «gravitar» hacia una u otra de las generaciones colindantes; además, ciertos azares pueden perturbar la normal inserción de un individuo en su generación; finalmente, y esto es más frecuente e interesante, la figura pública de una persona puede agruparse con la generación anterior o posterior a la suya, formando «constelación» con ella.

Si nos atenemos a esta cronología, Salinas y Guillén no pertenecen a la generación de 1901, sino que son de los más jóvenes de la de 1886, la que empieza con Gabriel Miró y termina con ellos y Melchor Fernández Almagro, pasando por Marquina, Ramón Pérez de Ayala, Azaña, Juan Ramón Jiménez, Eugenio d'Ors, Ortega, Madariaga, Américo Castro, Marañón, Ramón Gómez de la Serna, Claudio Sánchez Albornoz, Benjamín Jarnés, Fernando Vela... Habría muchos signos que los adscribirían a esa generación: su estilo personal, su forma de cortesía, los matices de su conversación; incluso el uso del «usted» y el «tú», y la fecha temprana en que empezó a ser frecuente decirles «Don Pedro» y «Don Jorge», frente al usual «Dámaso», «Gerardo», «Vicente», «Rafael» y, por supuesto, en plena juventud —única edad que por desventura tuvo—, «Federico».

Pero no es menos cierto que los *escritores* Salinas y Guillén pertenecen al mismo grupo que los algo más jóvenes, es decir, que los pertenecientes a la generación de 1901. Su poca precocidad, su larga permanencia en el extranjero antes de afincarse en España, su aparición tardía, sus relaciones de viva amistad con los otros poetas, el hecho de haber publicado a la vez, en las mismas revistas y editoriales, todo ello los ha impulsado *hacia* esa generación, a la que se han *adscrito*, con la cual han formado *constelación* (2). Si hablamos de literatura, especialmente de poesía, Salinas y Guillén van con sus compañeros. Si consideramos la sustancia histórica de que están hechas sus vidas, es posible que a última hora las veamos gravitar hacia su generación originaria.

Lo que sucedió en 1927 fue la presentación pública de un grupo de poetas, en las lecturas y conferencias de Sevilla, con motivo del centenario de Góngora. Según mis cuentas, la fecha de «entrada en la historia» de la generación de 1901 fue 1931 —y esta fecha fue ciertamente más importante y significativa que la anterior—, pero *para los poetas* fue 1927 el momento en que empezaron a existir públicamente y como tal grupo. Es natural, por otra parte, que así fuera, ya que los poetas son normalmente precoces, y un adelanto de cuatro años sobre la generación en su conjunto está dentro del orden de las cosas. Pero, si se mira todo ello un poco en detalle, resulta bastante iluminador, Dámaso Alonso ha contado que las actuaciones de Sevilla fueron ante muy

---

(2) Formulé por primera vez este concepto en 1953: «Constelaciones y generaciones» (en *Ensayos de convivencia;* reimpreso en *Obras*, III).

pequeños grupos que ocupaban las dos o tres primeras filas del salón. La aparición verdaderamente *pública* de estos poetas ocurrió en otro lugar y contexto: en la famosa antología de Gerardo Diego: *Poesía española. Antología* **1915-1931**, editada en 1932 y, con bastantes modificaciones, en 1934. Esta fue la «entrada» en la sociedad española como tal de los jóvenes poetas; lo que en 1927 se presentó fue el *grupo de escritores;* en 1932 aparecen como parte de una generación histórica que acaba de irrumpir en el escenario. Compárese la resonancia de la *Gaceta literaria* (dirigida por Ernesto Giménez Caballero) con la mucho más general que tuvo *Cruz y Raya* (dirigida por José Bergamín) desde 1933, que fue en su torso principal el órgano de expresión de la generación que nos ocupa, así como *El Sol* y la *Revista de Occidente* se habían originado en el seno de la generación de 1886 —aunque, por supuesto, en todas estas publicaciones colaborasen escritores de las cuatro generaciones de nuestro siglo hasta el comienzo de la guerra civil: 1871, 1886, 1901, 1916.

* * *

¿Quiénes son los nombres más representativos de la generación de 1901? Anotemos, siguiendo un orden aproximadamente cronológico, unos cuantos:

Antonio Espina
J. V. Foix
Rafael Sánchez Mazas
Mauricio Bacarisse
Juan Larrea
Gerardo Diego
Salvador Fernández Ramírez
José Bergamín
Pedro Sainz Rodríguez
José María Pemán
Amado Alonso
José F. Montesinos
José Pla
Federico García Lorca
Vicente Aleixandre
Dámaso Alonso
Enrique Lafuente Ferrari
Xavier Zubiri
Rosa Chacel
José Camón Aznar
Manuel Cardenal Yracheta
Edgar Neville
Ernesto Giménez Caballero
Juan José Domenchina
Eugenio Montes

Enrique Jardiel Poncela
Emilio Prados
Juan Antonio de Zunzunegui
Ramón J. Sender
José Gaos
Rafael Alberti
Luis Cernuda
Miguel Mihura
José López Rubio
Alejandro Casona
Manuel .Halcón
Antonio Oliver Belmás
Agustín de Foxá
José M.ª Quiroga Pla
Luis Buñuel
Salvador Dalí
Alfonso García Valdecasas
Manuel de Terán
Emilio García Gómez
Manuel Altolaguirre
María Zambrano
Francisco Ayala
Luis Felipe Vivanco
Pedro Laín Entralgo
Rafael Lapesa

Es la tercera generación de nuestro tiempo, la que encontró ya la *vigencia* de la nueva etapa histórica iniciada con la generación del 98. Es la ·primera generación que tuvo maestros españoles, en un doble sentido: maestros universitarios creadores, dueños de métodos plenamente actuales, y modelos literarios válidos, sin arcaísmo·y frente a los cuales no se sintieran en actitud de discordia y ruptura. Encontraron también, y a consecuencia de lo que acabo de decir, el *prestigio social* de ser intelectual, escritor, artista. Es decir, que relativamente a la siempre áspera condición de la sociedad española, la vida se les presentaba, a diferencia de sus antecesores, como *facilidad*. Se podría establecer la figura del temprano éxito y reconocimiento de la gran mayoría de estos autores.

Por un azar que acaso no lo es enteramente, los miembros de esta generación han estado admirablemente *bien dotados*. Se dirá que esto sucede con todas las figuras egregias en todos los tiempos; que *por eso* son figuras egregias. No lo creo así: en muchos casos, el carácter creador, incluso genial, no procede tanto de las *dotes* como de su *uso*, de la radicalidad y autenticidad con que la vocación haga ejercitarlas; creo que es el caso del 98, cuyos hombres, salvo Unamuno, no estaban fabulosamente dotados.

Pero decía que quizá ese azar no lo fuese enteramente. Me refiero al hecho de que los más de los autores mencionados procedían de estratos sociales relativamente elevados, económica y culturalmente; de las minorías más acomodadas y refinadas a la vez, antes de que se produjera cierta masificación que después ha modificado las condiciones de la vida intelectual. Muchos de los escritores de la generación de 1901 se criaron en familias que ya representaban una selección en todos los órdenes, rodeados de estímulos superiores a los normales, con acceso a una educación adecuada (y en muchos casos privilegiada, con periodos de estancia en el extranjero, en ambientes refinadísimos, como la Residencia de Estudiantes, el Centro de Estudios Históricos, etc.) y con amplios recursos que les permitieron dedicarse sin trabas al estudio, la lectura, los viajes, el cultivo de las aficiones, el trato mutuo, la adquisición de libros, la familiaridad con las obras de arte y a veces con sus creadores.

Toda vida humana está regida por la presencia en ella de la pareja facilidad-dificultad. Esta generación, comparada con las demás de nuestro tiempo, muestra un predominio de las facilidades sobre las dificultades. Principalmente, claro es, en su fase de formación —que es la decisiva, la que da su perfil común a las figuras de una época—; la guerra civil y sus consecuencias pudieron perturbar las condiciones iniciales, pero aun en los casos de mayor dureza se podría perseguir la huella en la trayectoria biográfica de ese comienzo marcado por la holgura. Las hadas madrinas han solido acompañar fielmente al equipo de la generación de 1901.

Esto ha tenido consecuencias que han afectado al contenido literario o artístico de este grupo. En proporción mayor que en ninguna otra generación contemporánea, sus miembros han sido *amigos*. En el caso de los poetas, la caso es evidente, pero va más allá de ese círculo originario. Las relaciones personales han ido siempre entre ellos más allá de las históricas. Esto se ha puesto de manifiesto en la discordia de la guerra civil y sus secuelas: por debajo de la ruptura, se ha mantenido un torso de amistad entre casi todos estos hombres. Divididos por la guerra, repartidos entre los dos campos contendientes o al margen de ellos en algunos casos, residentes en España o emigrados, rara vez han mantenido la enemistad inicial: se han reconocido como miembros afines del mismo grupo, fieles al tótem de la tribu.

En algún sentido, esto es admirable. Hubiera podido serlo más, si se hubiera generalizado; quiero decir, si estos hombres se hubieran negado a aceptar la discordia y la exclusión; pero no ha sido así; han participado en varia medida —no menos que los hombres de otras generaciones— en el espíritu de discordia, y los individuos que han permanecido ajenos a él no han sido más frecuentes que entre los más viejos o más jóvenes. Lo que han solido hacer es una *excepción* en favor de sus compañeros generacionales y de grupo, «tolerarles» la disidencia ideológica o política en nombre de esa fraternidad originaria de la literatura y la poesía.

Este fuerte vínculo ha predominado sobre la *solidaridad objetiva* que distinguió a otras generacionrs, por ejemplo a la del 98. La realidad española, la época que estaba empezando, las raíces del hombre, la expresión *adecuada* de todo ello —es decir, un *estilo*—, esto es lo que a última hora contó para los hombres del 98. Con eso fueron solidarios hasta la muerte, mucho más que entre sí. Tal vez fueron soberbios —unos más y otros menos—, pero no estaban particularmente contentos de sí mismos. Los de 1901, sí: han vivido encantados de su propia realidad, de sus destrezas, de sus dotes, de su «suerte».

Las cuatro generaciones de 1871, 1886, 1901, 1916 han sido sustancialmente solidarias, se han sentido embarcadas en la misma empresa, han compuesto una *época histórica* cuya continuación en las dos siguientes se está decidiendo, se está empezando a aclarar. Pero esa solidaridad se resquebraja un poco en la generación de 1901, que es «muy suya» y un poco menos ligada a las anteriores y posteriores, que juzga a los escritores de las otras muy principalmente por la actitud que con ella tomen —y las variaciones frente a los del 98, Juan Ramón Jiménez, Ortega lo prueban con evidencia—. Es posible que ahora, al hacer los últimos balances, triunfe la solidaridad histórica— del mismo modo que las dos generaciones siguientes a la de 1916 (las de 1931 y 1946) probablemente terminarán por gravitar hacia la enorme masa creadora de las cuatro nacidas en la primera mitad de nuestro siglo—; pero no ha sido seguro contar con ella.

* * *

Todos los factores que he enumerado llevan a una conclusión inesperada: la resistencia de la generación de 1901 —y especialmente del grupo literario de 1927— a la actitud *profesional*. Hay excepciones: hace muchos años señalé la de Enrique Lafuente Ferrari, y no es la única. Pero en conjunto, estos hombres han sentido cierta aversión a la adscripción profesional a una tarea. Estaban demasiado bien dotados, tenían demasiadas destrezas y gracias— piénsese en Lorca—, se les ofrecían demasiados caminos, tenían delante y al lado tantas incitaciones de sus demás compañeros, tantas facilidades. No tenían —por lo general— urgencias; podían esperar, aplazar la adscripción definitiva, ensayar, probar, gustar. Han sido *aficionados*, con frecuencia geniales. El sin duda abusivo «es» profesional de la lengua española (que dice «es» médico, labrador, abogado, carpintero) les resultaba excesivo; no se determinaban a adscribir su realidad a una profesión.

Tal vez no se han dado cuenta de que esa adscripción es a última hora inevitable, y que el «es» deja de ser abusivo cuando la profesión es una *vocación*. Tal vez el donjuanismo— tan sabroso, tan tentador— destruye las posibilidades *radicales* del amor. En todo caso, este rasgo me parece esencial para definir el *perfil colectivo* de esta generación y comparar con él las trayectorias de sus miembros; quiero decir que aquellos que han sido estrictamente profesionales —o han llegado un día a serlo— lo han sido a pesar de su generación, en cierto modo luchando con ella.

* * *

Desde la generación siguiente, desde la admiración y la amistad con muchos de los miembros, he mirado la generación de 1901 como integrante de mi realidad histórica. Me ha parecido *irrenunciable*. Mi generación, cuando no se ha perdido, ha tenido que reivindicar la época entera, del 98 acá, para *ser*. Nuestra solidaridad con esas tres generaciones anteriores ha sido radical, irremediable, a prueba de reservas y descontentos. Hemos sentido que en ello iba la vida futura de España y la salvación de todo lo que nos parecía valioso, estimable, original, insustituible en un milenio de vida española, en medio de creación universal, transespañola.

Madrid, 1 de mayo de 1977.

Dibujo de Miguel Hernández

Rosa Chacel posando para Gregorio Prieto.

(Carta de ROSA CHACEL)

Gregorio:

Si nos ponemos a recordar... sería más fácil en tu estudio o en el mío, charlar delante de unas copas, pero ¿por qué resbalar a lo más fácfl? ...Lo más difícil no es —como creen— lo más elaborado o acicalado, sino lo más abismado, lo que hay que excavar en estratos de millones... billones de años —años luz del pensamiento— no como los paleontólogos, con un pico, sino a uña como los topos, en el elemento oscuro y macizo, traspasado por el aroma de las raicillas exquisitas, a cien leguas... El elemento blando, cálido, jugoso, aromático porque —como acabo de decir— es por la ruta fluida de sus aromas —olores que no siempre son florales, sino a veces carboníferos, como los del incendio apagado, legamosos como los de la imprecisable charca o, como el del gato muerto en la cuneta, olor de aniquilación que emanan los que abandonamos o perdimos y que su rencor o venganza trasciende— por esa ruta vamos y siempre llegamos. Porque el elemento blando, jugoso, traspasable es el seno o matriz de Mnemosina... ¡Ya la he nombrado! ...soy —como sabes— su sacerdotisa, quiero decir que vivo para su culto, para traer a la luz sus milenarias reminiscencias y alimentar con ellas al hambriento presente... ¿Hambriento? ¡No fuera malo! ...el hambre es magnífico alimento, para ella no hay pan duro... Lo grave es lo canijo, lo senil, lo anonadante... y los que adoramos ese hontanar materno de donde brotaron las nueve luminarias nos empeñamos en exprimir su sustancia: nos emperramos, como niños destetados, en pedirle que oprima su seno inagotable y nos riegue con su vía láctea. La nebulosa de sus chispas rutilantes da para todos, se extiende por espacios siderales: el que no quiere verla cierra los ojos, pero el que no quiere oírla, ¿que puede hacer?... La palabra, como la música, «se le echa a uno encima» —dijo un poeta de antesdeayer— y el más desganado se la traga... La más leve gota o estrella o simple reflejo, como el que manda al moverse una vidriera ante el poniente... todo germina, todo lo que brota de ella porque ella es la fecundidad misma.

Si nos ponemos a recordar... cuando éramos chicos de la escuela, de la Escuela de San Fernando... El otoño era la primavera del curso: el amarillo os desafiaba en los chopos... No, no, no, os pedía su liberación, os imploraba, os excitaba al rapto... vibración inalterable en nuestro aire de meseta... Yo, desde mi barro, desde mi adorada arcilla —sin porvenir, amor imposible ¡e inextinguible!— os veía ir con pie seguro y subir... subir de verdad por entre los jarales de la sierra, asentaros en El Paular... Tengo fotos desvaidas en las que estáis los cuatro más conspícuos... Valverde, Timo —omito el ape-apellido— hay mujeres que llaman a su *esposo* por el apellido, ¡Dios las perdone!, Frau y tú... Bueno, con todos estos amarillos, aquellos años —pongamos, cinco, del 15 al 20— fueron una primavera... ¿La primavera de nuestra juventud? No, no, no, otra vez: era una primavera, era una anunciación... Es sabido que en la primavera es cuando suele haber desastres atmosféricos... Empieza a germinar todo, campos maravillosos de florecillas que el divino Sandro... Mieses interminables, doradas, pesadas, que el fiero Vicente... etc. Cae una granizada y se lo lleva todo. ¡Paciencia!... el labrador es paciente... Los brotes que derribó el dictado de un nubarrón rebrotan, se afianza un gran plantío bien extenso, aparentemente suficiente... Una nube más negra se descarga y la riada cubre los valles... —sobre esto escribo ahora largamente...

Si nos ponemos a recordar... Confieso que yo, por mi parte, es lo único que sé hacer. Y tal vez sea pretencioso asegurar que sé, mis recordaciones no se ciñen a las normas habituales de lo memorioso, de lo informativo: se arrojan despreocupadas a lo abrupto, con olvido de la consuetudinaria narración y exclusión radical de la descripción... por supuesto, ¡esto, por supuesto! con asepsia preservativa de la observación... Me limito —quién sabe si es ésta, simplemente, mi limitación personal: si lo es, la asumo sin disimulo —me limito a ceñirme a ciertas leyes esenciales de las cosas —hechos, seres, pasiones— que sobreviven a todas las borrascas de todos los tiempos. En este recordar hay un profundo amor a todos los tiempos, un *ser saturnal* conservador, profundamente conservador... Ellos, los tiempos, lo devoran todo, pero Mnemosina conserva y por ella, los que fuimos *progres* —esto no se decía entonces, pero se era, ¡y cómo!— los que fuimos futuristas, ultraístas, somos hoy conservadores... ¡Qué monstruosa idiotez se puede sacar de esta afirmación! ...Dirán, «Vamos, parece que entraron por el buen camino». No, no, no, otra vez. Somos conservadores de nuestro ULTRA, del tiempo aquel en que salió de la tierra, como Proserpina, una florescencia de juventud... ¿Es que juventud puede ser permanente? ¿No es Proserpina fatalmente arrebatada a los profundos? Sí, sin duda, pero Mnemosina conserva su garbo —caen las hojas secas, caen las pobladas cabelleras, pierden los talles su esbeltez— el garbo queda guardado bajo el manto de la conservadora. El garbo es la mirada que no teme.

Si nos ponemos a recordar...

Rosa Chacel

Rosa Chacel.

Querido Pepe Ruiz-Castillo:

Cuando 1927 yo no había publicado ningún poema; mi libro primero, *Brocal*, lo publicó Diez-Canedo en la Editorial «La Lectura», en 1929. A partir de 1930, ya, además del libro, publicaba en revistas literarias de minorías y leía los poetas que destacaban y serían conocidos como «generación del 27». Su conocimiento me vino, como antes el de Juan Ramón Jiménez —padre de tal generación—, por medio del entonces mi novio, poeta que ya en 1925 había publicado *Mástil*, su libro inicial. Antonio Oliver Balmés, ya marido mío en diciembre de 1931, no sólo leía a los poetas citados, sino que de algunos publicó notas comentando sus ediciones en una revista de La Habana que se llamaba «1927», «1928», etc. De Antonio Machado, y eso siendo yo muy jovencita, ya conocía *Soledades, Galerías y otros poemas* que me impresionaron profundamente. Antes de *Brocal*, algunos poemillas míos difundidos por J. R. J. —que me llevó a su lado en sus dos revistas, «Ley» y «Diario Poético»—, poemas comentados generosamente por Ernestina de Champourcin «La Epoca» y Juan Chabás, «La Libertad». Aparte del *Romancero Gitano* y de *Marinero en tierra*, del *Cántico*, primero de Jorge Guillén, y *Presagios*, de Pedro Salinas, a los otros poetas sólo los conocía por las revistas: «Litoral», «Mediodía» y «Verso y Prosa», de Murcia, la decana de las revistas «de la joven literatura». Fue después de la guerra cuando más y mejor me «interesé» en el estudio de lo que se llamaría «generación del 27». Todos los años anteriores —salvo los de nuestra guerra civil— estuve llena de la poesía de J.R.J., la prosa de Gabriel Miró y la obra de Gabriela Mistral. Por todo eso, soy una autora digamos *sin generación*, solitaria y exenta tanto de la genialidad de los que nos ocupan como de la solidaridad a todo evento entre los mismos. Mi trato fue superficial con casi todo autor de 1936, ocasional, ya que venía muy de tarde en tarde a Madrid, unos días tan solo. Conservo, sin embargo, memoria muy afectuosa para la hospitalidad de Pedro y Margarita Salinas, la amistad de Ernestina, de Concha Méndez y Manolito Altolaguirre, Luis Cernuda en el Patronato de las Misiones Pedagógicas, etc. De Vicente Aleixandre, en 1940, ya tengo más trato y más honda impresión poética y humana. A Guillén le vi algunas veces cuando era catedrático de la Universidad de Murcia y una sola vez en su casa de Madrid. A Alberti me lo presentaron en la Exposición de Pintores residentes en París, celebrada en el Botánico (1929, creo), y a Federico en el camerino de Margarita Xirgu. Todos eran jóvenes algo no mucho mayores que yo y cuando leía sus obras las sabía apreciar y admirar sin que dejaran huellas en mí, pues yo estaba entregada líricamente hablando al que los promocionaría a todos: J. R. J.

Considero que pertenezco a una generación aplastada por la solución de continuidad histórica que en las letras, ¡por ejemplo!, produjeron las armas y sus secuelas. Hasta 1944 no volví a publicar mi libro escrito durante la guerra, *Mientras los hombres mueren;* no apareció hasta muchos años después de aquella y en el extranjero, y sólo para dar fe de pervivencia, di un libro titulado *Pasión del Verbo*, que en 1945 se fusionó con los demás poemas de *Ansia de la Gracia*. A trancas y barrancas he llegado hasta aquí. Proclamo mi admiración a los del «27» y lamento que no haya podido cuajar otra generación tan unida, tan cohesionada como aquella. Y es que ese acontecimiento cuajó en un tiempo que en nada se parecía a los inmediatos. De habernos muerto o exiliado nosotros, Antonio y yo quizá pudiéramos ser ascendidos a la del «36», con nuestro Miguel Hernández. El hecho de quedarnos aquí nos ha perjudicado bastante, a juicio de algunas experiencias.

Un abrazo de tu amiga.

Carmen Conde

190

1. Yo no sé si pertenezco a la generación del 27. Sólo puedo decir que nací en el 5 y publiqué mi primer libro en el 26, un año después del éxito inolvidable de *Marinero en tierra*. Añadiré que Guillén, Salinas, Aleixandre, Manolito Altolaguirre, Emilio Prados, Luis Cernuda fueron todos amigos míos. ¿Quién de nosotros no recuerda con cierta nostalgia las famosas tertulias en casa del matrimonio Manuel Altolaguirre-Concha Méndez, donde hervían y no acababan nuestros estusiasmos e ilusiones juveniles. Si ellos me consideran de su generación lo ignoro; a ellos corresponde decirlo. Después, a través de los mares los he seguido sintiendo a todos como algo próximo y querido. Sobre todo a los que fueron a morir cerca, en el país donde viví 34 años, México, refugio de poetas. Allí han ido quedando, incluso otros mayores como ese querido León Felipe. Y tras él tantos otros: Juan José Demenchina, también del 27 por la edad y la obra que en México lanzó su mejor voz... Cernuda solitario y difícil para la amistad, Manolito con sus empresas cinematográficas, y principalmente Emilio Prados, tan próximo a nosotros por su contigüidad constante y su muerte a unos pasos de nuestra calle. ¿Cómo no sentirme del 27, lo sea mi obra o no?

2. Es difícil opinar a estas alturas sobre la generación del 27. Ya hay una abundantísima literatura sobre ella. Estudios de todas clases: críticos, estilísticos, líricos; muchos buenos, profundos, otros superficiales, a nivel de anécdota o chismorreo.

Yo pienso en el 27 como en un arco iris muy especial. Un viento de poesía con nuevos colores y nuevos aires; un árbol con raíces modernas y antiguas: Góngora, Vicente Gil, Juan Ramón. Y brotando de esas raíces una cascada de hojas y flores surgiendo como un remolino de fuerza irresistible. La poesía de hoy, la que llamamos de la posguerra y la más joven, la última de todas, no se comprende sin esos hermanos mayores que marcarán siempre un hito de primera importancia en la Historia de la Literatura Española.

Ernestina de Champourcín

Ramón Menéndez Pidal, Miguel de Unamuno, Juan Ramón Jiménez y Pablo Picasso.

Cuatro mitos fantasmones, tiernos niños... caprichosos.

Eruditos, sabios. Y sencillísimo don Ramón. Poeta maravilloso y lleno de filosofía don Miguel.

Narcisistas inaguantables, caprichosos y geniales.

Y pintor, también, genial descriptivo y zorrón viejo don Pablo. Y si como muestra basta un botón aquí va esta carta del editor Caffarena, quién lo conoció mucho y como nadie. Carta graciosísima y encantadora. Sobre los tres escritores en vez de cartas literarias se publican tres dibujos.

A los cuatro conocí cuando yo era aun muy niño, y a los cuatro perpetué en retratos; y a los cuatro admiro, venero y amo.

G. P.

CARTA DE ANGEL CAFFARENA

(Cronista oficial de Málaga y su provincia)

Querido Gregorio:
    ...Te contaré cómo en una de las visitas que hice a Picasso le enseñé tu carta en la que me decías que trabajaríamos en un libro conjuntamente, tú y yo, y añadías: «con esto veremos si se convence el zorro viejo de Picasso y hace algo por Málaga». Me contestó, después de reirse: «recuerdo a Prieto, dibuja muy bien y aún tengo en la memoria su colaboración en vuestro LITORAL»; añadió, «de todas formas es pintor; eso de clasificar a los artistas como dibujantes o pintores me parece una tontería». Hablamos de otras cosas y al despedirnos me volvió a decir: «Si ves a Prieto, dile que seguro él es más viejo que yo, pues, pienso ser joven siempre». Tenía como sabes una memoria enorme. Como también sabrás, era muy difícil entenderse con él, ya que hablaba un catalán-francés con acento andaluz. Creo que no llegó a dominar de verdad ningún idioma.
    Muchos abrazos.

Angel

    Esta entrevista fue comiendo en un restaurant de la costa azul; Rafael Alberti, el Alcalde del pueblo y otra persona que no recuerdo. Por supuesto, que la comida no la pagó Picasso.
    Cuando contigo hablo de todas estas cosas, no dejo de acordarme de cómo nos admiró a todos que tú fuiste el único que no se peleó con Luis Cernuda. Era algo difícil, yo diría que imposible, pero tú lo lograste. Es una razón más para que te tengamos el cariño que sabes.
    Vale,

Angel

Dibujo de Picaso.

Así paciendo y con los cuernos sin afeitar.

R. Menendy Pidal

Dibujo de Unamuno.

Dibujo por Juan Ramón Jiménez, 1895.

Sus cabellos, rizados como
ondas de agua movidas por
el viento, sostienen el sombrero
de señorito en día de fiesta
de este Arlequín gitano.

Izándose de su cuerpo cortado,
al extremo de un hilito, un
globo encuadrado, como monumento
en el aire andaluz,
Homenajeando al
CONSUL de la Poesía

Dibujo de Federico García Lorca. Texto de GREGORIO Prieto
MADRID 7 Nov. 1951.

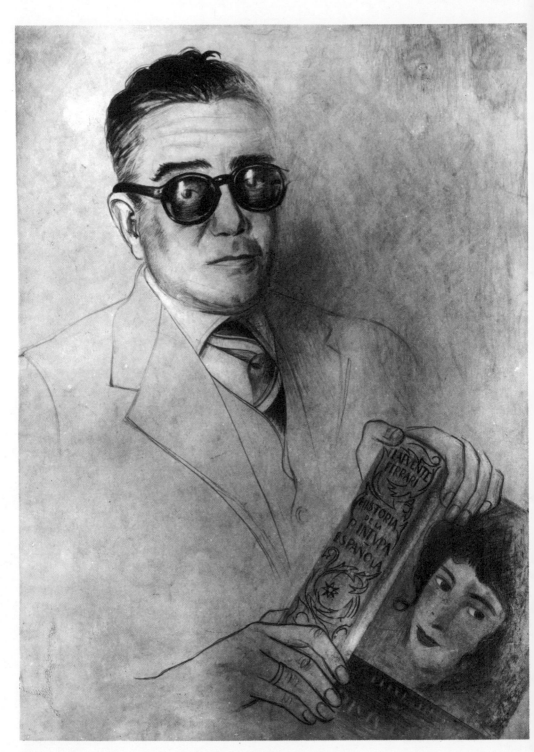

Enrique Lafuente Ferrari.

Al salvar la efigie de sus contemporáneos, el pintor nos deja, si su obra es valiosa, es decir, si tiene calidad de creación estética, un linaje de testimonio que la posteridad estima siempre. Es ello, pues, lo que da su singularidad a esta Exposición de Gregorio Prieto.

«Quien no pida a un retrato sino el parecido adulador o el agrado, le destina a ser recluído en el desván, una vez desaparecido el señor o la dama efigiados, si la tela no posee los méritos intrínsecos de una obra de arte.»

Los retratos de Gregorio Prieto captan lo esencial y expresivo del modelo, y en su escueta transfiguración lineal quedan impregnados de vida y de carácter, no olvidados de descubrir en la criatura las mejores intenciones de lo que Dios quiso poner en nosotros. Es ello lo que da valor a estos retratos plenos de estilo escueto y sobrio. El arte del pintor hace por ello de estas obras —para decirlo con palabras del poeta Vicente Aleixandre— «líricas revelaciones de una penetración heridora y certísima... documentos interpretativos que hacen del retrato una representación de lenguaje casi simbólico, sin perjuicio de la voluntad y aguda indagación psicológica». Hágase, pues, en la historia de nuestro arte y en la de nuestro tiempo, un lugar emérito y singular a esta antología de efigies contemporáneas, a esta *iconografía gregoriana*, de la que la Exposición de Amigos del Arte en 1954 ha ofrecido la más completa, variada y afortunada selección.

Enrique Lafuente Ferrari
Director del Museo de Arte Moderno

Guillermo de Torre.

Evocación de un poeta

"Lorca en color"

Por Gregorio Prieto

(Editora Nacional,
Madrid, 1969)

He aquí el más hermoso libro —desde el punto de vista gráfico—, publicado hasta la fecha sobre Federico García Lorca, entre la copiosa e inextinguible bibliografía que llena, a la hora actual, más de un anaquel de la biblioteca mejor poblada. Asume Lorca en color un carácter suntuario con deslumbrante proyección artística, merced a sus páginas de gran formato, su clara tipografía y su profusión de láminas, formando todo un deslumbrante alarde. Tales factores no son, como pudiera suponerse, un aditamento al texto, sino parte sustancial del mismo, en estrecha correspondencia con lo escrito. Ello se explica desde el primer momento, dado que su autor, antes que un hombre de pluma, es un pintor y un dibujante de probada maestría.

Mencionamos a Gregorio Prieto, amigo y compañero muy próximo, en los días juveniles, del autor por antonomasia de Romancero gitano. No ha necesitado, pues, Gregorio Prieto acudir a la colaboración de ningún artista plástico para ilustrar sus semblanzas y efusiones evocativas; él mismo ha cumplido esta función con la máxima eficacia. Como el autor lo define muy bien, éste es "un libro de estampas, en el que se recrean los ojos"; lo plástico supera en calidad y cantidad a lo escrito. Quizá, por otra parte, sea este medio el más adecuado para traer ante nuestros ojos la figura humana, la atmósfera espiritual de Lorca, a la hora en que las exégesis puramente críticas parecen haber dicho ya todo lo posible.

Además, no debemos olvidar que Federico García Lorca era temperamentalmente un espíritu de acusada sensibilidad pictórica, con una innata destreza para este arte, sin menoscabo de las que poseía para la música y el teatro, en cuanto actor y director, vocaciones estas últimas que fueron no sumergidas, sino puestas en segundo plano ya desde la adolescencia, merced al empuje más poderoso de su capacidad poética. El hecho es que Federico García Lorca no dejó de dibujar nunca en los márgenes de los libros, en las cartas a los amigos, según muestran las que me dirigió, y según revelan asimismo los dibujos con lápices de colores que se incluyen en esta obra.

Un capítulo que cabría estudiar minuciosamente es el de su evolución en dicho arte, desde su fase ingenuista —marineros, vírgenes, casas de teatro, diseños para los decorados de Mariana Pineda—, hasta su fase superrealista, la que se concreta en las ilustraciones de Poeta en Nueva York.

Gregorio Prieto reconstruye su visión del poeta en una serie de capítulos que traen a nuestra memoria diversos momentos y escenarios de la vida y la obra lorquianas, ayudándose siempre más con el dibujo, la estampa, el cuadro, que con la palabra. Así sus páginas sobre Fuentevaqueros, la Huerta de San Vicente, la Residencia de Estudiantes y otros semejantes.

Al margen de estas evocaciones plásticas, encontramos un capítulo de superior interés literario: es el dedicado a Los sueños de mi prima Aurelia, obra dramática lorquiana que se considera perdida, en el supuesto, también conjetural, de que llegara a escribirse cabalmente. Pues sabemos muy bien que Federico García Lorca confundía en las conversaciones con los amigos lo realizado con los proyectos. Gregorio Prieto sostiene que Los sueños de mi prima

Dibujo de García Lorca

Aurelia existe y alega el hecho de haber conversado en Fuentevaqueros con la heroína, prima efectiva del poeta, quien asegura su existencia. Pero lamentablemente no hay ningún claro indicio de su paradero. ¿O habrá sido destruida, a raíz de la muerte trágica del autor, por ese miedo contagioso que lleva a la ocultación o quema de papeles? Esto en el supuesto de que el autor no entregara el manuscrito al primer amigo —responsable o no— que le fuera simpático, pues no puedo olvidar de qué forma imprevista vino a mis manos el original de Así que pasen cinco años.

Lo que sí parece perdido es otro libro que dejó terminado, Los sonetos del amor oscuro, y siguen sin reencontrarse las páginas que restan de la tragedia El público.

Ahora bien, todos estos son problemas literarios que el texto Lorca en color suscita, aunque el autor no pretenda lógicamente resolverlos. Sus propósitos son meramente descriptivos, bellamente evocadores. Y éstos los cumple a perfección en un libro que es un deleite para los ojos y hace honor a cualquier serie de arte. ✠

Guillermo de Torre

Creo que es de interés publicar este escrito de Antonio Espina por el momento olvidado su nombre, pero que no será nada extraño que un día u otro volviera a reconocerse su valía de aquellos días en que se le consideraba.

Antonio Espina como Bergamín y algunos otros del 27 eran los grandes coquetos de la ironía, presumiendo de lo que en realidad no erán, «de malos», eran los grandes actores de este sistema de actuar disfrazándose de lobos.

Creo que este escritor merece ser incluido en la Generación del 27 así como Juan Chabás, José María Hinojosa y otros que no sé por qué circunstancias curiosas los jóvenes estudiantes universitarios de ahora les ha dado por hacerles «tesis» o *tesinas*, como ellos llaman a estos trabajos pedagógicos con los que quieren empezar el largo camino de la poesía la literatura o la erudición.

G. P.

GREGORIO PRIETO

Son un poema especial estos cuadros de Gregorio Prieto. Casi podría hacerse el poema literario de la obra de Gregorio Prieto. Precisamente porque él no le hace con su pintura, la cual nada tiene de poemática, a pesar de y por lo mismo qué. Por lo mismo qué: sugiere ya fuera de ella un silabeo alegre y versificador.

Y a pesar de: sus azules cendálicos recogidos intactos en el resplandor matinal; sus blancos cúbicos pastosos ¿fríos, tibios, con ardor calizo de blancas paredes de albañilería? Y sus rojos, rojos sin atenuación.

Aunque lo parezca, nunca será decididamente geórgico el poema de Gregorio Prieto. Porque, por otra parte, además de molinos de viento y caseríos dispuestos con malicia de chico avispado que juega con casas de cartón, poligonando sus construcciones, hay el concepto absolutamente severo y justo de que el color es sólo el color. De que la pintura no tolera coqueteos con el rogo foliculario. Ni con el tema verboso.

Entonces... No cabe la fraseología efectista, en el arte —aunque risueño, formal— de Gregorio Prieto.

En los estudios de naturalezas semimuertas —la flor o el fruto— y de los fetiches de la moderna sapiencia— el libro, la revista, el instrumento— Gregorio Prieto, puntiagudiza su digitación de virtuoso. Bordón y ecos de grave.

Hay temple. Temple, en el sentido peyorativo que se da a esta palabra. Y de improviso una modulación cachonda de formas y reluz. En torno al reluz, Gregorio Prieto es una mariposa. Fija los centelleos del vidrio en una voluptuosidad fresca. (Las alas de la mariposa desprenden en su volátil agitación polvillo de diamante, de zafir, de oro y de confetti, sobre las coloraciones. Las coloraciones suspendes albas de pupila de niño en los estudios de Gregorio Prieto.)

Hay temple.

Temple en el óleo, lo que es más difícil que temple en el "temple".

Pero, ¿a dónde va a parar este camino estético (ingenuo) tan mariposeado por Gregorio Prieto? ¿Tiene meta y final? Muy posiblemente, ni siquiera es camino. O ha llegado ya en él a todas las adquisiciones y pruebas, y por ende —*end* : final— todo será en lo sucesivo dar vueltas a una ruta que se convirtió en trayectoria circular. Circuito. Pista.

Domeña bien la crítica poemática, el arte empistado —que es todo lo contrario que despistado— de Gregorio Prieto.

Además, numerosamente conocido y reconocido el joven pintor, de nada serviría preceptivo análisis al detall de las piezas (algunas, vista ya en otras ocasiones), ahora mostradas en el salón de Amigos del Arte. Sito en la mole pétrea del edificio de Bibliotecas y Museos, en el Paseo de Recoletos. No recuerdo el número.

El pintor marchará en seguida a Roma. Quiera el celeste Apolo que no le intoxique la ciudad de Mussolini y la loba, con sus aparatosos miguelángelos, leonardos y rafaeles. Como antes no quiso el Dionysos de París, que lo envenenaran gleises, grises y picassos. Gregorio Prieto: Sea usted siempre gregorio prieto. Y de saltar, mariposa o no, salte usted al hipergregorio prieto. Lo demás, en efecto, no vale.

Vale.

Antonio Espina

Juan Guerrero.

VICENTE ALEIXANDRE

Se cierra con llave de oro este volumen, celebrando el Premio Nobel concedido a un poeta de la Generación del 27, Vicente Aleixandre.

Esta Generación, la más valiosa del siglo, se consagra así como un nuevo renacimiento poético universal.

Con sencillez y alegría, digo, la suerte de nacer en ella y haber conocido íntimamente a estos poetas a los que he dedicado siempre admiración y cariño, haciéndose así, casi mitología, toda esa documentación literaria, incluso epistolar, que guarda cuidadosamente mi *Fundación* y que sorprendentemente en su día resplandecerá, dando luz a muchos puntos, para quedar iluminados en la Historia universal de la poesía española.

Podemos felicitarnos dando la enhorabuena a Vicente ya que con él se une la Generación del 27 tan poética y escogida con la universalidad tan amplia en humanidad del sentir poético.

Debo de confesar lealmente que he llorado, sin rubor de ninguna especie, al oír por Radio Nacional, en palabras musicales, la *Palma* del Premio Nobel concedida tan merecidamente a la POESIA española. Y no sólo a la poesía, sino también a la manera de proceder del poeta Aleixandre, sin vanidad de ningún estilo, sobre todo ahora que anda desatada tanta insensatez impregnada de picaresca y falsedad. Y ejemplar es ver lograr triunfos a quien sencillamente y sin escándalos propagandísticos vive en su recoleto mundo poético.

Entre mi documentación he podido encontrar más de doscientas y pico de cartas, algunas muy largas, de Vicente Aleixandre, que considero como un tesoro, ya que muchas de ellas, son de la alta y plena poesía que suelen tener las cartas de seres privilegiados. Por el momento se publican aquí, en este libro, unas pocas de su adolescencia juvenil.

GREGORIO PRIETO

Retrato de Vicente Aleixandre

Vicente Aleixandre

Nació en Sevilla,
vive y perdura,
sí

en su Paraíso
¡Oh! Padre de estatuas ríos
Hijos!
que cual imán resplandeciente atrae
como espejuelo adolescente.
de lo inefable en su Él
Si buen POETA, mejor conversador
en cartas, de blancos centros,
con misterios y entredichos
más eternas que poemas, que a la Gloria llevan,
Cartas, de padre y mejor amigo.
Autobiografías son de futuro ETERNO.
Si lejano, distante vas
te quedas en, prudente y altanera sencillez
¡Oh! ACADÉMICO, noble, impuesto
de delicias encendidas,
que atraviesan los caminos del POETA
Miraflores en la sierra, oyes voces melodiosas
de la brea como espadas, que besan y perfilan
ARREBATAS, cual un hilo, de carcas perdurables
de desnudos, imprevistos en streaking
RENACIENTE estás y quedas por los SIGLOS
en RODAR CONTINUO

PREMIO NOBEL 1977

Casa, en Sevilla, donde nació Vicente Aleixandré

Querido Pepriño:

Quería verte mañana
martes, a las 6 y cuarto
o seis y media, en la
granja el Henar, dentro,
todo al fondo, donde hay
columnas o patio, al
fondo. ¡No faltes!
¡¡No faltes!!

Hasta mañana
tu amigo Vicente

granja el Henar dentro ~~al
fondo~~ a la derecha. No lo
olvides

~~que no te de~~

Querido Gregorio:

Quería verte mañana martes, a las 6 y cuarto o seis y media, en la Granja el Henar, dentro, todo al fondo, donde hay columnas o patio, al fondo. ¡No faltes! ¡¡No faltes!!

Hasta mañana tu amigo

Vicente

Granja el Henar, dentro al fondo a la derecha. No lo olvides.
Hoy, lunes.

Colonia Domínguez, Aravaca (Madrid) 15 abril 1927.

Querido amigo Gregorio: me escribe Juan Guerrero, el que dirige Verso y Prosa y me dice te meta prisa para que le envíes en seguida el dibujo que les destinas, pues tienen que hacer el cliché y podrías dar lugar a que se retrasase el número.

Yo le había anunciado tu envío, por él eso el hombre me encarece te anime a hacerlo muy pronto. No dejes pasar días, por

ue hasta ahora Verso y Prosa
e ha distinguido por su puntualidad a la salida.

¿ Has enviado también los
tuyos a Litoral ? El otro día
le escribía yo a Emilio Prados,
y le decía que los habíamos estado viendo, y que me parecían soberbios,
lo mejor de lo publicado hasta
ahora en la Revista.

Las señas de Guerrero son:
man Guerrero, Merced 22, Murcia.

No he vuelto a Madrid desde
día que nos vimos. No te copio
nos hoy, pero cuenta con que te da-
un ejemplar de mi libro cuando

los pellirojos. Así tendrás mucho
más de los que yo te pudiera ahora
mandar.

Un abrazo de tu amigo
Vicente

Pero no quiero que vaya
esta carta tan seca, ea, y te voy
a decir la buenaventura: te voy
a copiar mi *Adolescencia*, que puede
ser no sólo mía sino tuya:

Adolescencia

Vinieras y te fueras dulcemente
de otro camino
a otro camino. Verte,
y ya otra vez no verte.
Pasar por un puente a otro puente.

— El pié breve,
la luz vencida alegre —,

Muchacho que sería yo mirando
aguas abajo la corriente,
y en el espejo tu paraje
fluir, desvanecerse.

¡Ahora me parece recordar que ya te
envié esta poesía otra vez! Es posible,
es que la quiero mucho. Pero no te importe. Por sí o por nó, ahí va. Acógela bien, que va desnuda.

Adiós, adiós. Otra camino
abajo. Vicente

Colonia Domínguez, Aravaca (Madrid) 15, abril, 1927

Querido amigo Gregorio: me escribe Juan Guerrero, el que dirige *Verso y Prosa* y me dice te meta prisa para que le envíes en seguida el dibujo que les destinas, pues tienen que hacer el clisé y podrías dar lugar en que se retrasasa el número.

Yo le había anunciado tu envío, por eso el hombre me encarece te anime a hacerlo muy pronto. No dejes pasar días, porque hasta ahora *Verso y Prosa* se ha distinguido por su puntualidad a la salida.

¿Has enviado también los suyos a *Litoral?* El otro día le escribía yo a Emilio Prados, y le decía que los habíamos estado viendo y que me parecían soberbios, lo mejor de lo publicado hasta ahora en la Revista.

Las señas de Guerrero son: Juan Guerrero, Merced, 22, Murcia.

No he vuelto a Madrid desde el día que nos vimos. No te copio versos hoy, pero cuenta con que te daré un ejemplar de mi libro cuando lo publiquen. Así tendrás muchos más de los que yo te pudiera ahora mandar.

Un abrazo de tu amigo

Vicente

Pero no quiero que vaya esta carta tan seca, ea, y te voy a decir la buenaventura: te voy a copiar mi Adolescencia, que puede ser no sólo mía sino tuya:

Adolescencia

Vinieras y te fueras dulcemente
de otro camino
a otro camino. Verte,
y ya otra vez no verte.
Pasar por un puente a otro puente.
—El pié breve,
la luz vencida alegre—.

Muchacho que sería yo mirando
aguas abajo la corriente,
y en el espejo tu pasaje
fluir, desvanecerse.

¡Ahora me parece recordar que ya te envié esta poesía otra vez! Es posible, es que la quiero mucho. Pero no te importe. Por sí o por no, ahí va. Acógela bien, que va desnuda.

Adiós, Adiós. Otro cariñoso abrazo.

Vicente

Madrid 23 febrero 1950

Mi querido Gregorio: Tu postalilla me trae tus señas, ¡por fin! y
puedo decirte la alegría que me dió el
espléndido regalo que me has hecho con tu
mugidor Toro-Mujer y tu magnífico
Cuaderno de freciz. El Toro-Mujer
es alucinante y el delicioso poema
que le antecede abre las puertas del
campo para que salga esa dolorosa
y fantástica criatura jugando gritos
por las calles. ¡Cómo contrasta la
revuelta realidad agolpada de esa
creación tuya con la soberbia serenidad
de pinturas y dibujos de freciz!
Soberbio cuaderno éste, de plenitud,
donde has escogido algunas de tus
más decisivas obras y dibujos.
Algunas yo no las conocía y he sido

una alegría contemplada, y tuecos, conservados.

"Mundo a solas" se está imprimiendo. Creo que saldrá en Marzo. El editor se lamenta de que los dibujos tuyos (en el libro) sean reproducción de una fotografía y no reproducción directa del original. No sale tan bien, y se comprende.

Lo de la Academia fué algo realmente bonito, por el juez, y el fervor de un público que desbordaba el inmenso salón hasta por pasillos y escaleras. Aquella enorme masa vibró de modo entusiasta y muy no-académico, y el tumulto que se armó luego, abajo, por coger ejemplares del discurso, dá idea de la temperatura. Hasta gente fué arrollada. Te proporcionaré un ejemplar del discurso para cuando vuelvas, que supongo casi junto.

Te mando un gran abrazo y me regocijo de los éxitos que estarás teniendo. Adiós, Gregorio, no me olvides. Vicente

Madrid, 23 de febrero, 1950

Mi querido Gregorio: Tu postalilla me trae tus señas ¡por fin! y puedo decirte la alegría que me dio el espléndido regalo que me has hecho con tu mugidor Toro-Mujer y tu magnífico Cuaderno de Grecia. El Toro-Mujer es alucinante y el delicioso poema que le antecede abre las puertas del campo para que salga esa dolorosa y fantástica criatura pegando gritos por las calles. ¡Cómo contrasta la resuelta realidad agolpada de esa creación tuya con la soberbia serenidad de pinturas y dibujos de Grecia! Soberbio cuaderno éste, de pinturas, donde has escogido algunas de tus más deliciosos oleos y dibujos. Algunos yo no los conocía y ha sido una alegría contemplarlos, y tenerlos, conservarlos.

«Mundo a solas» se está imprimiendo. Creo que saldrá en marzo. El editor se lamenta de que los dibujos tuyos en el libro sean reproducción de una fotografía y no reproducción directa del original. No sale tan bien, y se comprende.

Lo de la Academia fue algo realmente bonito, por el fuego y el fervor de un público que desbordaba el inmenso salón hasta por pasillos y escaleras. Aquella enorme masa vibró de modo entusiasta y extra-académico, y el tumulto que se armó luego, abajo, para recoger ejemplares del discurso, da idea de la temperatura. Hasta gente fue arrollada. Te proporcionaré un ejemplar del discurso para cuando vengas, que supongo será pronto.

Te mando un gran abrazo y me regocijo de los éxitos que estarás teniendo. Adiós, Gregorio: no me olvides.

Vicente

Querido Gregorio: No sé si estás en Madrid o ya camino de Roma, pero te escribo como te prometí para seguir nuestro diálogo.

Aquí estoy desde hace 25 días dedicado a la vida tranquila del campo, en la subida al Puerto de la Morcuera, embocado por todos los vientos, sobre el fondo de un río, si escaso, infatigable. Es magnífico. La soledad es mía. Y no se la cedo a nadie, sino sólo un par de horas al día, las últimas, cuando salgo en busca de los demás —no demasiado interesantes.

La gente se figura que me aburro porque no salgo. ¡Qué error! Tengo un jardín y un campo enorme, lleno de pinos y de rocas, duro, naturalísimo. ¿Para qué salir? Tú lo comprendes muy bien, seguramente.

Esta colonia es como todas las colonias. Hay sus funcioncitas, sus bailes y verbenitas. ¡Toda la lira! Yo no soy tan hosco que no acuda a algo. Este año, por el luto, aún no he ido a las dos verbenas ya celebradas. Pero ahora, a primeros pienso acudir a la invitable función de aficionados. «La marcha de Cádiz». «Los Asistentes». No hay que ponerse solemne, ni acordarse de nada, nada de literatura. De aquellas cosas mismas se puede sacar cierto partido; de su deliciosa cursilería que, aunque involuntaria —eso es lo malo—, hay que saber ver a través de un ojo irónico, alegre.

Ya habrás visto que Federico García Lorca ha publicado sus *Romances Gitanos*. Me lo encontré en el Restaurán Buenavista la noche antes de tu banquete. «Velintoria 3» me dijo. «¡Voy a mandarte mi libro en cuanto aparezca»! ¡Veremos!, le dije yo.

Será un libro magnífico. Es un magnífico poeta.

Bueno, Gregorio, escríbeme. Dime de tu vida. Que yo sepa hasta cuándo vas a estar en Madrid, que al irte no te olvides de los libros para Cassou y Falgairolle que te di. ¡Cómo me alegraría que al regresar yo a fin de septiembre todavía te pudiera ver en Madrid! Escríbeme. No me olvides. Desde aquí te abrazo fuertemente.

Mis señas, con la fecha.

Vicente

Viernes, noche, 6

Querido Gregorio: Llego en este momento y me dicen que has estado a verme. Pero, hombre, hombre, qué lástima, qué pena, qué rabia, sí, qué rabia que hayas venido hasta aquí tú, tan bueno, tan cariñoso, y no me hayas encontrado. Estoy indignado con la fatalidad, aún que yo te esperaba ayer. ¿No te acuerdas? ¿Te confundiste o qué fue? Te esperé ayer inútilmente, viendo pasar las horas con verdadera contrariedad. Era el juevés, jueves, cuando tenías que haber venido. Cuando vi que no venías te puse la postal que habrás recibido ya, ¡pero cómo había yo de suponer que ibas a venir el día siguiente! Y ya ves tú, he estado esta tarde en el cine, viendo una estúpida película. ¡Cuánto mejor aquí en tu compañía!

Pero en fin, todo tiene arreglo. Podemos pasar juntos la tarde del lunes. Decididamente, yo no saldré ese día, esperándote. Sí, Gregorio, no hace falta que me avises por teléfono (como te decía en mi postal), puesto que ya sé que estás en Madrid. No me avises y ven. Sólo te pido que me avises en caso de que te fuera *del todo* imposible. Si vas a venir no me llames; ven simplemente. Te espero con la ilusión de siempre.

Hoy he estado en el Real Cinema viendo una insoportable película, «Venus», que no tenía nada de Venus; lo más fea y vulgar, hecha por insoportables franceses, menos Constance Talmadge, no francesa, pero sí insoportable.

Tengo que contarte alguna cosilla. Nada importante, no te creas. Pero como a ti te lo cuento todo, te contaré también esto. Fue de la otra noche, una noche curiosa —relativamente a mis noches vulgares—, en que cené fuera de casa (te hablaré el lunes).

Tengo unos deseos enormes de vivir, chico, de salir a la vida. Siento bajo mi siete suelos un rumor vibrante que canta el amor, todo un terremoto de música, de naturaleza, que me hace extremecer hasta la punta de mis cabellos. Me siento como la torcida, como la llama de una lumbre, que me pasa el alma y la carne y me asoma a los ojos con un resplandor inextinguible. Soy yo mi fuego y mi exaltación y siento una apetencia del mundo y del amor que me haría abrazarlo hasta ser yo él, hasta enajenarme en su extravío.

¿Se perderá toda esta fuerza mía? ¿Se ha de salvar sólo para mi arte, para encender mi lengua de poesía. ¡Ah, no, no lo quisiera! Quiero vivir; quiero vivir en vida, no en letra, ni siquiera en poesía. La poesía como la más ardiente corona de la vida. ¡Pero la vida, sí, la vida!

Cuando Mariano dice que el amor no interesa, que no es nada, que lo demás importa, yerra. Yerra por absoluto. Se mutila. Se castra. Hay que ser íntegros, y sin el amor por añadidura la integridad no se logra. Hay que obedecer a nuestro destino y salvarnos de esa muerte temprana que es la frialdad indiferente, que es la pobre frente caída por el suelo con un único sabor a tierra en la lengua. Hay que conocer a lo que sabe la sangre del espíritu para aprender a ser fuertes y serenos; hay que saber ser apasionados, y ardientes, y hasta ciegos, para tener la otra clarividencia, la que sirve, la que desgarra las propias tinieblas interiores.

Piensa en aquellos desnudos dioses griegos que tanto amas. Sus pupilas de mármol o de bronce ven. Piénsalos fuertes, serenos, hermosos; piénsalos amantes, porque se dieron al amor con toda la ardentía de sus latidos de piedra circulada. Nunca se negaron a la pasión y supieron ser dioses, pero no supieron dejar de obedecer al amor.

¡Dichoso ejemplo! Hay que vivir, Gregorio. A ti te incito. A ti, que llevas tu ascua en el pecho y vas a ir por la vida poniéndola en tantos labios. No te temas. Ni los temas. Para cumplir tu verdadero destino, para vivir, para crear tus hijos de belleza inteligente, ama como si el minuto fuere el siglo, como si unos labios que besan fuesen la boca de la vida. Ama las almas también. Enrédate en las almas nobles como en bosques de espíritu, y dichoso tú si sabes conciliar amor con inteligencia. No hay más intenso rincón en el paisaje del mundo.

Todo un porvenir se abre para la vida si sabemos vivirla, sentirla, amarla, rendirla. Y rendirnos nosotros, no rehusándonos, dándonos sin pedirle rescate, como en un juego divino; como en juego de hombres.

Sí, Gregorio. ¡Viva! ¡Viva, viva! Viva la vida y viva. ¡Viva la sed y el agua! Vivan los labios que la tocan más puros que abrasados por el ascua.

Adios. Hasta pronto, ¿verdad? Adios, tu amigo.

Vicente

Te espero el lunes sin falta. No me avises.

30, mayo

Querido Gregorio: las cosas en caliente. Acabo de recibir tu carta. Pero hombre, ¿cómo puedes suponer que mi amistad ha bajado ni un escalón? No joven, joven siempre; no se te ocurra tal cosa, yo soy el mismo y te recuerdo como siempre, no en recuerdo sino en presente. Me desilusionó algo ver que estuviste en Madrid y te marchaste sin verme. Ya sé que me telefoneaste un par de veces. Pero, ¿cómo no llamar a una hora más segura, a la de comer o cenar, o en seguida de comer?; tú sabes que yo no salgo hasta las 5 o después. Pero me llamabas a media tarde, y la primera vez fue por la mañana y te dijeron estaba aún en cama y colgaste; si me hubieran pasado recado yo hubiera salido al teléfono.

En fin, el caso es que te fuiste, después de dos años, sin verme. Esto fue desilusionante. Hoy me llega tu carta y te escribo hoy mismo para echarte fuera esas aprensiones.

Ya sé que te prorrogaron por unos meses la pensión, y me alegré mucho. Lo de tu viaje al Africa es una maravilla. Tienes unos amigos que te adoran hasta la locura, pues invitarte nada menos que por dos años es asombroso. Ahí se ve la magia de tu simpatía. (Seguramente entre los viajeros habrá alguna persona a la que le gustes o te ame, y esa será la clave de la invitación). Vas a pasar una temporada magnífica, una época de tu vida inolvidable. Eso es vivir, Gregorio. Lleno de experiencias siempre múltiples, y sin saciarte nunca, pasar por la vida entregándote a todo con frenesí, con verdadero arrebato. Acostumbrado uno a ver tanta gente mezquina y cobarde, me encanta ver esa capacidad juvenil tuya, esa alegría y ese siempre sentirte nuevo ante todo, nunca gastado por lo ya vivido. Me gusta mucho que seas así.

Ama mucho. El amor es lo único que importa, el total amor, amor a una criatura o a todas, a todo lo vivo que está en lo creado. Yo cada vez tengo más esta sensación panteísta del amor. Se ve cada vez más en mi obra esta manera de sentirme en la tierra, de verla y estrecharla como planeta, y amar a todo lo que encierra.

Ahora estoy escribiendo otro nuevo libro que llamo «La destrucción o el amor», por que el amor destruye como un fuego o como un frenesí que estruja. Estoy contento del éxito de mi libro último. Nada le añaden las críticas a mi libro, pero siempre es agradable ver que de distintos puntos de Europa y hasta América, los mejores aticuden y estiman mi libro en el que una vena de impetuosa poesía se me rompió. Me han traducido a diferentes idiomas, y se ha sabido ver lo que este libro aporta a la poesía española, su profundidad y su cultura que con lo más verdadero humano, saliendo valientemente a no rehusar los temas vitales que unen al hombre con la poesía: «la muerte y el amor, es de mi, la vida», como ha dicho un crítico en un magnífico ensayo sobre mi, publicado en la *Revista de Occidente*.

Por lo demás, el amor en mi vida viva vive y luce puritivamente cuando está; negativamente, cuando no está; pero siempre presente. Acepto lo que la vida me da, pero le pediría más, siempre más, por que la vida escapa, escapa siempre y hay que apresurarse. ¡Tanta hermosura como se ve por el mundo! Me gustaría disolverme en el puro aire generoso.

A Federico le leeré tu párrafo para él, Ayer estuvo aquí en casa y pasamos una tarde magnífica, con algún otro amigo. De Aladrén no sé nada. Se casó tiene un chico; moralmente acabó, creo y no tiene ningún interés.

El que ha venido a Madrid es Orgaz (a quien vi anteayer). Ya me ha dicho no andáis nada amigos. El sabe que amigo mío eres tú y se abstiene de comentar demasiado cosas, por lo visto, poco agradables.

Ya me contaron Manolito y Concha que les habías visto.

Ahora está el tiempo espléndido. Algunas noches cenamos Federico y yo y otros amigos simpatiquísimos (muchachos encantadores) juntos y luego corremos por las hermosas verbenas que en las noches de Madrid resultan algo que emborracha. Lo popular es una delicia.

Bueno, Gregorito, no te quejarás, te he contestado a vuelta de correo. A ver cuándo me escribes; ahora serás tú el que me olvides (yo no te olvidé). Adiós, Adiós, con cariño te envío un abrazo como el de siempre, de

Vicente

Madrid, 7 febrero

Querido Gregorio: Tu carta me llegó cuando creí que ya no te acordabas de mi. ¡Tantos meses! Ni sabía que estabas en París. Eso sí, te suponía muy metido en amores, entrando y saliendo en tus pasiones de siempre. Luego llegó tu carta, demasiado breve. ¿Acaso crisis, insatisfacción, desaliento? ¿Qué es eso? Tu carta no era como las otras. Tanto es así que me pareció como un «espérame, que ahora voy». Y aquí me tienes esperando.

Querido Gregorio: Hace mucho que no sé de ti, ni de tu vida, ni de lo que ahora te interesa. O vienes o me escribes, pero no hagas eso de quedarte callado.

Yo te contaría. No es que tenga muchas cosas nuevas. Pero en fin nada quiero decirte. ¡Vivo, vivo! También están mis libros. No creo que tarden ya mucho en salir mis «Espadas como labios». Y tengo además otro libro de verso, muy apretado, casi delirante, que no sé cuándo podrá salir.

Pero en fin, la poesía escrita es lo de menos. Ante todo, la vida. Mi vocación es la vida, hacia ella y por ella. Y la poesía escrita no es más que ese mundo ideal, intangible y ansiado en el que me desenvuelvo por que, por desdicha, nunca la vida da lo bastante, aun dando mucho, para la sed del poeta, del hombre.

El día que la vida me diera todo lo que yo pudiera apetecer yo no sería poeta, es decir, escritor (poeta lo sería siempre). Pero ese día no llegará nunca, porque ya sé que por mucho que yo ponga los labios en la tierra o en el agua o en otros labios, la realidad tiene un límite, y ese límite sólo puedo traspasarlo en el otro reino, en el de los sueños, en el de mi propia creación, mundo mío. ¿Me comprendes?

Cuéntame mucho, Gregorio. Dime lo que amas o lo que no amas. Dime de tu vida y de tu sentimiento, y de tus preocupaciones, y de tu programa. ¿Cuándo vienes a Madrid? Tengo muchas ganas de que hablemos. Escríbeme y te contestaré en cuanto tú quieras.

Adiós, adiós. No me olvides. Un abrazo muy cariñoso de

Vicente

Creo que aún no te ha escrito Mariano. Ya lo hará. Te contará cosas que le han sucedido y que quizás te sorprendan. (No te quedes demasiado intrigado.)

Jueves

Querido Gregorio: ¿No has recibido mi carta de hace cuatro días? Si te hubiera llegado hubieras venido o me hubieras escrito dos letras. ¡Cuánto sentí no verte llegar! Estuve esperando, esperando y cuando dieron las 7 y vi que no habías venido comprendí que ya no vendrías.

Por si quieres otro día venir te aviso que mañana viernes van a venir por la tarde Rafael Alberti y José María Hinojosa. ¿Quiéres tú venir también? Ellos vendrán a eso de las seis y media. ¿Te parece buena hora? Ven si puedes, nos gustaría.

Si no vienes, ¿por que será? Al menos escríbeme, dime algo y cuándo nos podremos ver.

Adiós. ¿Hasta mañana?

Abrazos.

Vicente

«Velingtonia 3» (Parque Metropolitano)

Jueves, 10

¿Cómo no has venido, Gregorio? Toda la tarde esperándote. Sufriendo el día hasta llegar a esta hora alta y desembocar en la soledad, ya irremediable.

¿Te olvidaste? ¡Qué frágil tu memoria! Yo aquí, solo, componía todas las posibles explicaciones. Ninguna me dejaba contento. ¡Claro!

Vicente

Te digo, corrigiendo, el viernes porque el jueves es fiesta.

¡Viernes, viernes, no te olvides!

¡Pero, hombre; pero, hombre!

Sábado, noche

Querido Gregorio: Esta tarde he visto a Alberti y me ha dicho que quiere venir el día que tú vengas. Yo le he dicho que te iba a escribir avisándote para un día de la semana próxima, y me encarga te diga le telefonees con tiempo a las 3 de la tarde, pues te presentas en su casa por la mañana como hoy y él no está en casa nunca a esas horas.

¿Qué te parece el miércoles próximo, el miércoles santo, para venir los dos aquí? Muy bonito; día de recogimiento, de víspera. Vendreis los dos y aquí los tres meditaremos. ¿Hablaremos de religión? Te *confesaré* sobre ello. Y merendaremos tristes, pero en seguida nos alegraremos a cuenta del sábado de gloria que no se retrasa ningún año.

Si te parece bien ese día, no me digas nada. Si te fuera imposible dímelo, haz el favor.

Telefonea a Alberti *sin esperar al mismo día*, para que él no se comprometa con otros. Yo al verle hoy no había quedado en día señalado, sino en que ya lo acordaríamos entre tú y yo.

Venid a las 6 ó 6 [14].

No faltar, Gregorio. Adiós, Adiós. Muchos abrazos.

Vicente

Querido Gregorio: ¡Qué papel tan ridículo! (Esto lo primero).

Ayer, nada más volver tú la esquina, me acordé que el martes tengo una cita que no puedo cambiar. ¿Puedes venir el lunes? Sería lo mejor. Así adelantamos un día todo eso que te corre tanta prisa.

Espero los datos que me has de mandar.

Hasta el lunes. Si no pudieras, avísame. Yo no podría hasta el jueves. Adiós, adiós. Un abrazo.

Vicente

Rompe este ignominioso papelillo roto.

Sábado, 2

¡Hasta el lunes!

Velingtonia, 3

26 junio, martes

Querido Gregorio:

Un golpe cariñoso para recordarte que has quedado en venir, y en que Mariano Orgaz te recogería pasado el 27 para pasar una tarde conmigo. Yo te espero con verdadera impaciencia. A los dos.

He pensado en el viernes. ¿Qué te parece? A ver cómo os ponéis de acuerdo y venis. Yo os espero ese día. Si tu Exposición está ya cerrada, venios a merenrendar conmigo ($6^1/_2$); si sigue abierta, como tú me dijiste, entonces venid a las $7^1/_2$ o cuando podáis.

Entonces te repito lo que te tengo dicho: aunque termines muy tarde venid sea la hora que sea, pues yo os espero ¡hasta las 10 de la noche!

Tráeme las señas de Valery Larbaud.

Ya tengo los ejemplares para Cassou y Falgairolle.

Adiós, Gregorio. Ven y ven y ven (sin música).

¡Hasta el viernes!

Vicente

Si Mariano no puede, ven tú solo. Ponéos de acuerdo, cítale.

Domingo, noche

Querido Gregorio: Ya tengo aquí a mi amiga alemana y ya estoy en plan de cumplir con mi obligación de atender y acompañar a la forastera. Ha venido antes de lo que yo creía, de modo que me veo en la necesidad de pedirte que retrasemos unos pocos días nuestra entrevista próxima que teníamos convenida para el miércoles. Ya te puedes figurar lo que lo siento, pues ya sabes tú que no cambio por nada las buenas horas que paso contigo. Pero tú te haces cargo: ella está sola, viene por mí y no puedo desatenderla. Pero es por muy pocos días. Se vá enseguida. Mañana lo sabré y mañana o pasado te escribiré otra vez proponiéndote un día para que nos veamos. ¿Te parece?

Ya te contaré. ¡Qué misterio el de los sentimientos! Esta fidelidad me conmueve humanamente. En medio de los más extraños paisajes uno tiene siempre el trabajo de reconocerse a sí mismo.

Hace dos días he hablado con Mariano por teléfono. Nos veremos también cuando yo quede libre. Me preguntó por ti: que cuando te ibas.

¿No te has vuelto a encontrar a aquel trabajador infatigable que trabaja hasta las 12 de la noche?

Adiós, Gregorio. Te escribiré mañana. Un abrazo de

Vicente

Señas de Dámaso:
Shaftubury House
Shaftubury Road
Cambridge

11 de abril, 1925

Gregorio amigo:

Tu postal me ha sorprendido gratamente como un buen recuerdo que esperaba y no esperaba. Veo que te has acordado como me ofreciste y que aunque nada me cuentas de tu vida en esa ciudad, pedirte esto también hubiera sido demasiado. Si tu primavera ahí —esa que supongo que estarás pasando— es alegre, la nuestra hasta ahora no puede ser más triste. Estamos todavía en lo de «las frescas lluvias de abril». Nos queda el triste consuelo de que vendra mayo y nos abrasaremos. Qué tránsito tan brusco en esta tierra castellana del invierno al verano. No tiene primavera.

Agradecido tu envío de «La Fuente». Cuando estuve en París hará año y medio me impresionó este cuadro delicadamente. Y qué coincidencia que tú hayas pensado en mi —¿es verdad?— al contemplarla. Tanto recuerdo guardé de ella que en Madrid, hace poco tiempo he escrito un poema que precisamente se titula así y que ella me sugirió. Te lo diré:

La fuente. (Ingres).

Sobre la fuente había piedra limpia.
Limpia el agua pasaba.
Habrá sol y campo. Tu apretada
carne se ofrecía
caliente al viento hecho gracia.
Pasé por tu lado. Enhiesta estabas,
cántaro a la cadera, a regresar.
Pasé yo por tu lado. Fresco niño,
a detenerme iba. Tú alargaste
tu gesto permanente y me dijiste:
Pero, pasa...
Y pasaba, pasaba largamente, prolongando
bajo tu sombra mi estancia.
Cuando ya mi cuerpo estaba lejos
y junto a tu sombra el agua.

Mal lo he copiado ahora; pero tú sabrás leerlo. Verás que hay alguna modificación. Por ejemplo: el cántaro a la cadera y no sobre el hombro. Lo sé, pero quise dejarlo así porque es cosa más redonda, más femenina la cadera y contribuye a la impresión total.

No sé si sabrás que unos cuantos vamos a publicar una revista de literatura, cuya dirección tiene Juan Ramón. Está Dámaso, Benjamín, Salazar, etc., y estoy yo. Con esto salgo, empujado halagadoramente, de mi silencio para tomar la actitud que siempre he mirado con prevención del hombre que publica sus perpetraciones. Te contaremos como suscriptor de «Ley», sin compromiso. Y digo sin compromiso porque las suscripciones se pagan vencidas, y cuando no se quiera no se pagan. No hay coacción, aunque la publicación se titule «Ley». Además es cosa insignificante.

Creo que Chabás colaborará también; se le dirá también a Alberti.

Espero que estarás contento en París. Como estás ya muy formado, París te ha de sentar muy bien. No caerás en el peligro de los pintores tan jóvenes como tú pero menos formado que tú, de ser blanda cera, demasiado blanda cera ante cada impresión. Tuyo es el porvenir, amigo Gregorio Prieto; tuyo es el porvenir. Es una cosa gozosa ver a un hombre tan joven como tú, con un pincel de la calidad del tuyo y con todas sus dilatadas posibilidades por delante.

Mucho se te puede exigir porque mucho estás obligado a dar.

Me parece que he correspondido extensamente a tu recuerdo. Un rato que estés solo en tu hotel y sin gana de trabajar y sí con la de saludar a un amigo en Madrid, escógeme y cuéntame de tu vida y de tu plan de trabajo y de visita. En Serrano, 98, estoy y desde aquí te abrazo.

Vicente Aleixandre

Jueves, 2

Querido Gregorio: El sábado por fin quedaré libre y deseando verte. ¿Quiéres venir?

Te lo aviso con anticipación para evitar que te comprometas. Ya sabes, Gregorio: si vas a venir no me tienes que llamar. Sólo me llamarías en el caso que te fuera imposible venir.

Pero vendrás, ¿verdad? Tenemos mucho de qué charlar. Te contaré alguna cosa, muchas.

Ahora es por la mañana muy temprano y te escribo en la cama a toda mecha para que ésta salga ahora mismo que van a ir a la calle. Son las ocho. De seguro a estas horas tú duermes soñando con cara de inocente. ¿Con qué sueñas? Te veo sonreir dichosamente. ¿Qué música estarás sintiendo? ¿Qué calor será el que ande por tu frente?

Cuando te despiertes te dará rabia que todo haya sido sueño.

Hasta el sábado. No me llames, ya sabes que es la señal de que puedo esperarte.

Adiós, Gregorio. Un abrazo.

Vicente

LIBROS PUBLICADOS POR, O SOBRE, GREGORIO PRIETO

En España

— *Biblioteca Hesperia*. Artistas Jóvenes, Editorial Zoila, Ascasibar, abril, 1931.
— *El Poeta ausente*, Edición especial, Artes Gráficas «Helios», dibujos de Gregorio Prieto, texto de Germán Bleiberg, 1940.
— *Poesía en línea*, dibujos de Gregorio Prieto, prólogo de Vicente Aleixandre, Edición Rialp, Madrid, 1949.
— *Los dibujos de Gregorio Prieto*, texto de Enrique Azcoaga, Edición Biblioteca de Arte, 1949.
— *Figuras cumbres del arte contemporáneo español*, Gregorio Prieto, texto de F. Pérez Dolz, Archivo Arte, Barcelona, 1949.
— *Poema de las Tres Voces*, dibujos de Gregorio Prieto, Poemas de Ana-Inés, Bonnig Amstrong, Ed. Cobalto, Barcelona, 1949.
— *Grecia*, seis pinturas y seis dibujos de Gregorio Prieto, texto de Angelo Sikiliano y Costis Palamas, Insula, Madrid, 1949.
— *Toro-mujer*, texto de Gregorio Prieto y Carlos Edmundo de Ory, Clan, Madrid, 1949.
— *Poetas ingleses*, siete pinturas de Gregorio Prieto, Edición Insula, Madrid, 1949.
— *Doña Berenguela estatua viva*, texto de Gregorio Prieto y Ramírez de Lucas, Clan, Madrid, 1951.
— *Sevilla*, dibujos de Gregorio Prieto, Prefacio de José María Izquierdo. Edición Insula, Madrid, 1949.
— *Mundo a solas*, Vicente Aleixandre, dibujos de Gregorio Prieto, Clan, Madrid, 1950.
— *Poesía de hoy en España*, Editorial, Dirección General de Relaciones Culturales, 18 dibujos de Gregorio Prieto, Madrid, 1950.
— *La Mancha*, seis pinturas y seis dibujos de Gregorio Prieto, Edición Insula, Madrid, textos de Antonio Machado y Jean Cassou, 1950.
— *Macho-machungo*, Colección Entretén, Clan, texto de Gregorio Prieto y Chicharro, Madrid, 1951.

- *Dibujos de García Lorca*, texto de Gregorio Prieto, Edición Afrodisio Aguado, Madrid, 1950.
- *Once Poetas Españoles*, pinturas retrato de Gregorio Prieto, con textos de Altolaguirre, Aleixandre, Alberti, Lorca, Unamuno, Machado, Miguel Hernández, Luis Cernuda, Juan Ramón Jiménez, Jorge Guillén y Pedro Salinas, Ediciones Insula, Madrid, 1950.
- *Niño-Mosca*, Colec. Entretén, Clan, texto de Gregorio Prieto y Angel Crespo, Madrid, 1950.
- *Dominicos*, textos y dibujos de Gregorio Prieto, Edición Insula, Madrid, 1950.
- *Tarragona*, texto de Gabriel Miró, Edición Insula, Madrid, 1950.
- *Por Tierras de Isabel la Católica*, texto, pinturas y dibujos de Gregorio Prieto, Editorial Plenitud, 1951.
- *Tres estudios sobre Gregorio Prieto*, texto de Martínez Val, Angel Crespo y Juan Ramírez de Lucas, publicado por el Instituto de Estudios Manchegos. Ciudad Real, 1952.
- *La Mancha de Don Quijote*, texto, pinturas y dibujos de Gregorio Prieto, Ediciones Clavileño, Madrid, 1953.
- *El Toro*, texto y dibujos de Gregorio Prieto, Ediciones Clan, Madrid, 1954.
- *El Molino de Gregorio Prieto en Valdepeñas*, textos de Gregorio Prieto, Inés García Escalera, Felipe Ximénez de Sandoval y Ramírez de Lucas, Ediciones Insula, Madrid, 1954.
- *Dibujos de García Lorca*, segunda edición, texto de Gregorio Prieto, Edición Aguado, Madrid, 1955.
- *Por tierras de Extremadura*, Edición Plenitud, texto y pinturas de Gregorio Prieto, Madrid.
- *El Zaratan*, de Juan Ramón Jiménez, ocho dibujos de Gregorio Prieto, Ediciones Dirección General de Archivos y Bibliotecas, Madrid, 1957.
- *Granada*, quince dibujos de Gregorio Prieto, varios textos de personalidades literarias, Ediciones Insula, Madrid, 1956.
- *Madrid*, quince dibujos de Gregorio Prieto, textos de personalidades, Edición Insula, Madrid, 1957.
- *Los Molinos*, texto de Gregorio Prieto, Publicaciones Españolas, Madrid, 1958.
- *Castillos Españoles en Italia*, dibujos y textos de Gregorio Prieto, prefacio del Marqués de Sales, Ediciones Insula, Madrid, 1960.
- *Nuevo viaje de España de Víctor de la Serna*, dibujos de Gregorio Prieto, Editorial Prensa Española, Madrid, 1960.
- *Santander*, doce dibujos de Gregorio Prieto, Ediciones Insula, prefacio de Alfonso de la Serna, Madrid, 1960.
- *Bélgica y España*, doce dibujos y un retrato de Fabiola, de Gregorio Prieto, texto de Gregorio Prieto, Editorial Plenitud, Madrid, 1960.
- *Ofrenda a San Miguel Arcángel*, texto y dibujos de Gregorio Prieto, Editorial Plenitud, Madrid, 1961.

— *La Fantasía Heroica*, Extremadura, texto de Pedro de Lorenzo, dibujos de Gregorio Prieto, Editora Nacional, Madrid, 1961.

— *Canciones desde la barca*, poesías de Concha Lagos, dibujos de Gregorio Prieto, Editora Nacional, Madrid, 1962.

— *El Libro de Gregorio Prieto*, textos, pinturas y dibujos de Gregorio Prieto, Editorial Escelicer, S. A., Madrid.

— *El Angel de la Guarda*, Patrón de la Policía Española. Dibujo de Gregorio Prieto. Poema de Eugenio D'Ors, 1962.

— *Arboleda encontrada de una adolescencia perdida*, Edición Papeles de Som Armadans, Palma de Mallorca, 1963.

— *Por una Sala de Zurbarán en el Museo del Prado*, Diputación de Badajoz, 1961.

— *Galán de la Membrilla*, de Lope de Vega, Editorial Archivos y Bibliotecas, 14 dibujos de Gregorio Prieto.

— *Libro de Bibliófilo* de D. Quijote. 17 litografías de Gregorio Prieto.

— *Homenaje a Góngora*, dibujos de Gregorio Prieto, prefacio de Dámaso Alonso, 1961.

— *Molinos*, texto, pinturas y dibujos de Gregorio Prieto. Editora Nacional.

— *Salamanca*. Editorial Cervantes. Prefacio del Dr. Miguel Ferrer, dibujos y un retrato en color de Unamuno por Gregorio Prieto.

* * *

Don Quijote de la Mancha de Miguel de Cervantes Saavedra, con 700 dibujos en color y negro, con una larga introducción de Gregorio Prieto, EDITORIAL, BIBLIOTECA NUEVA.

— Segunda edición de Don Quijote de la Mancha.

Lorca, Editorial Biblioteca Nueva.

— *Manifiesto del postismo*.

— *Cartas y recuerdos de Luis Cernuda*. Texto de Gregorio Prieto con numerosas ilustraciones documentales de la vida del excelente Poeta.

Cernuda en línea, Editorial Mirasierra.

Gregorio Prieto y 5 Poetas del 27, Editorial Esti-arte.

Juan Alcaide en su verso, Editorial Insula.

Senos, Editorial Galería «SEN».

Sonetos de Shakespeare, Editorial Galería Rembrand.

En el extranjero:

— *La Cuisine des Anges par Luc Benoist Preface de Gabriel Marcel*, Dessins de Gregorio Prieto, Editions d'art Edouard Pelletan, Paris, 1932.

— *Dechirure avec una image de Gregorio Prieto*, Editions G. L. M., Paris, 1935.

— *Esprits Gardiens de Jean Le Louet avez un dessin de Gregorio Prieto*, Editions G. L. M., Paris, 1935.

— *Cuerpos*, diez dibujos de Gregorio Prieto, prefacio de Manuel Altolaguirre, Paris, 1929.

234

— *Matelots*, Douze dessins de Gregorio Prieto, Editions G. L. M., Paris, 1925.
— *Hommage a L'Aurige de Delphes*, dibujos de Gregorio Prieto, prefacio de Angelo Sikiliano, Grecia, 1924.
— *Poesie «mon beau souci» un dibujo ilustrando un poema de Walt Whitman*, en compañía de Comte de Lautreamont, Lorca, Tristan, Corbiere, Pablo Picasso, Max Ernst, 1950.
— *Poema para una amiga de Manuel Altolaguirre*, con dibujos de Gregorio Prieto, Paris, 1925.
— *Quadrante*, dibujos de Gregorio Prieto ilustrando el número de los Arquitectos Bardi, F. Monotti, Le Corbusier, Piere Battoni, F. Leger, José L. Sert, Von Esteren, Giedion, en el viaje a Grecia, Milán, 1932.
— *An english Garden*, Seven Drawings by Gregorio Prieto and a Poem by Ramón Pérez de Ayala, Publisehd by Tomás Harris Ltd., Londres, 1936.
— *Paintings and Drawings «Gregorio Prieto»*, The Falcon Press Limited, Londres, 1947.
— *Prieto*, Paintings Drawings, The Dolphin Book Ltd., Oxford, 1944.
— *García Lorca as a Painter*, by Gragorio Prieto, Alexandre Moring Ltd. The de la More Press, 1939.
— *The Carfty Farmer*, a spanish Fol Tale, Drawings by Gregorio Prieto, the Dolphin Bookshop Edition, Londres, 1938.
— *Farrusco by Miguel Torga ilustrations by Gregorio Prieto*, George Allen Unwin Ltd. Londres.
— *Baudelaire*, Selecte Poems, drawings by Gregorio Prieto, The Falcon, Press Limited, Londres, 1950.
— *We Burn*, Selected Poems of Marie Carmichael Stopes, Delamore Press Londres Twelve Full page ilustrations by Gregorio Prieto, 1949.
— *Oxford and Cambridge*, estudiantes, 1939. Dibujos de Gregorio Prieto. Editorial Gili, Oxford.
— *Herbert Read*, and introdution to his work by varios hands. Edited Faber and Faber Ltd. by drawings de Gregorio Prieto
— *The Sonnets of Shakespeare with twenty eight drawings by Gregorio Prieto Grey Walls Press*, Londres, 1948.
— *Edición de lujo de Los Sonetos de William Shakespeare*, 1952.
— *Zeichnungen*, Lorca, Zurich, 1961.

Libros en preparación próximos a publicarse:

— *El mundo de las cartas*, de Gregorio Prieto.
— *Cartas de amor*, de Luis Cernuda.
— *Fama y famosos.*
— *Postismo en el 77.*
— *Valdepeñas y su molino*, Museo Gregorio Prieto.
— *Ofrenda y desagravio de las mujeres a Miguel de Cervantes.*
— *Museo del Retrato en la Fundación Gregorio Prieto.*

INDICE

238

Pág.